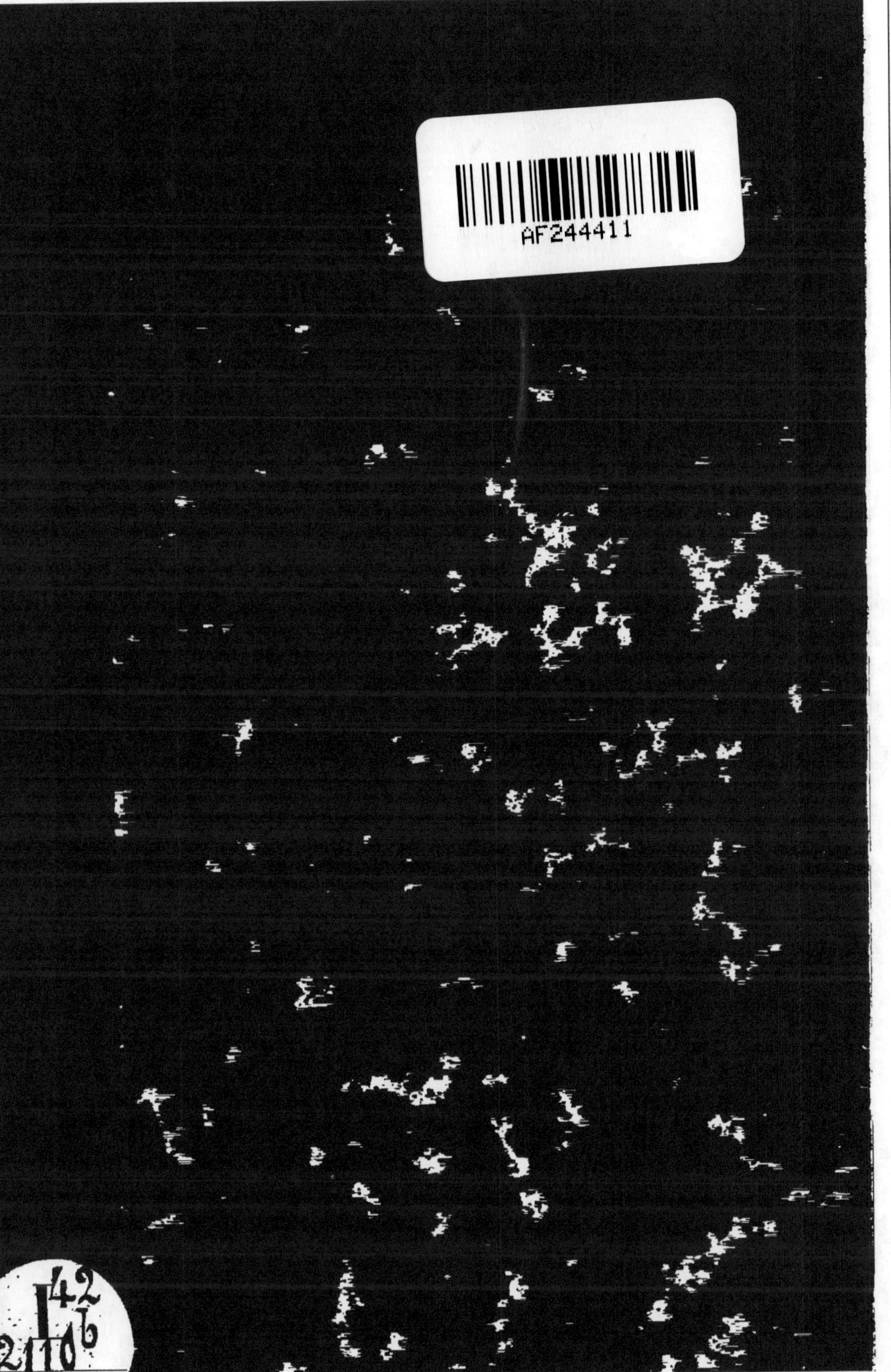
AF244411

OBSERVATIONS

SUR LE

PROJET DE RÉSOLUTION

PRÉSENTÉ AU CONSEIL DES CINQ CENTS

LE SEIZE FRUCTIDOR AN VI,

Tendant à rapporter la Loi du 9 brumaire précédent, relative au Domaine congéable, et sur le Message du Directoire exécutif, du 5 pluviose an 7, tendant à faire maintenir cette même Loi du 9 brumaire;

Par BOHAN (du Finistère), REPRÉSENTANT DU PEUPLE.

« Il ne s'agit ici de dépouiller personne, mais de coordonner notre législation sur le domaine congéable avec notre constitution, avec la déclaration des droits, avec le système général de notre législation, la forme et la nature de notre gouvernement, *en rendant a chacun ce qui lui appartient* ».

A PARIS,

De l'Imprimerie de CAMUS, rue Jacob, n°. 3 ou 1210, près celle de l'Université.

GERMINAL, AN VII.

OBSERVATIONS

SUR LE

PROJET DE RÉSOLUTION

PRÉSENTÉ AU CONSEIL DES CINQ-CENTS (1),

LE SEIZE FRUCTIDOR AN VI.

REPRÉSENTANS DU PEUPLE,

Dans mon discours du 16 fructidor dernier, j'ai développé les motifs qui ont déterminé votre Commission des Domaines congéables à vous proposer l'abrogation de la loi du 9 brumaire

---

(1) Le Conseil a *refusé d'entendre* ce discours. Il a fermé la discussion avant que l'ordre de la parole m'appelât à la tribune. Il a *refusé* même *d'entendre le projet de résolution* que j'avois à lui présenter, et qu'un de mes collègues, dont la voix plus forte que la mienne auroit pu se faire entendre *au milieu des murmures*, a proposé avec instance de lire en mon nom. Je cède à l'invitation de plusieurs de mes collègues, à la nécessité de repousser la calomnie, au devoir que m'imposent l'intérêt de plusieurs milliers de seigneurs fonciers, celui des domaniers, celui de la république, tous également compromis par la loi du 9 brumaire an 6, et je livre mon travail à l'impression à mes frais. J'ai peu d'espoir que le Conseil revienne sur son arrêté qui a rejetté le projet de la Commission par la *question préalable*, lorsque trois ou quatre représentans, ou même plus, se disposoient à parler encore en faveur des domaniers. J'ai même peu d'espoir qu'il revienne à examiner, à juger les propositions faites par mes collègues

an 6. J'ai réservé alors de m'expliquer sur la loi du 29 floréal an 2, et sur le mode adopté par celle du 27 août 1792 pour le rachat des rentes convenancieres. C'est cette tâche que je viens remplir ; c'est le complément de mon opinion du 16 fructidor que je viens soumettre au Conseil. J'ai cru ne devoir rien omettre de ce qui m'a paru nécessaire pour vous faire connoître, sous tous ses rapports, l'importante question que vous avez à décider.

L'Assemblée législative, par son décret du 27 août 1792, a affranchi les domaniers de la servitude du congément, et leur a permis de racheter leurs redevances.

La Convention nationale, par son décret du 29 floréal an 2, a déclaré commune aux rentes de domaine congéable la disposition de la loi

---

Louvet (de la Somme), le Gorrec et Guyot (des côtes du Nord), propositions à-peu-près pareilles à celles que j'avois à lui faire, et qu'on n'a pas même daigné mettre aux voix. Il peut cependant résulter de la publication de cet écrit un avantage pour la chose publique. Plusieurs des représentans du peuple qui daigneront le lire, apprendront à se tenir mieux en garde contre la souplesse et l'hypocrisie des intrigans ; à ne pas se décider, dans les questions qui leur sont peu familières, sur la parole de ceux qui s'offrent spontanément pour les *endoctriner* ; à entendre patiemment *le pour et le contre* ; à ne se pas laisser facilement prévenir contre des collègues qu'ils connoissent peu, mais qui peuvent avoir une intention pure, de bonnes vues, et jouir à juste titre de la confiance de leurs concitoyens, quoiqu'ils aient le malheur, si commun aujourd'hui, d'avoir des ennemis qui, intéressés de plus d'une manière à les perdre, les dénigrent sourdement, tandis que, dans leur conscience, ils sont forcés de les estimer, autant qu'intérieurement ils doivent se mépriser eux-mêmes.

du 17 juillet 1793, qui supprime, sans indemnité, toutes les rentes et redevances qui ont été *créées originairement avec quelque mélange ou signe de féodalité.*

La loi du 9 brumaire an 6 a abrogé le décret du 29 floréal an 2 et celui du 27 août 1792. Elle a remis en vigueur le décret de l'Assemblée constituante du 7 juin 1791, qui, traitant les domaniers comme des fermiers, *après avoir reconnu la féodalité de leur tenure*, leur refuse la faculté de racheter leurs redevances, et maintient leurs seigneurs dans l'usage de les congédier.

Le projet de résolution qui est présenté au Conseil tend à rapporter simplement la loi du 9 brumaire an 6, et avec elle le décret de 1791.

Ce projet, s'il étoit adopté tel qu'il est, feroit revivre, non-seulement le décret du 27 août 1792, mais encore celui du 29 floréal an 2. Il remettroit conséquemment les rentes de domaine congéable sous le coup de la suppression sans indemnité prononcée par la loi du 17 juillet 1793, contre toutes les rentes et redevances *entachées originairement de la plus légère marque de féodalité.*

Ce n'est pas là le vœu que j'ai exprimé dans le sein de la Commission. Je lui ai proposé de demander le rapport tant de la loi du 9 brumaire an 6 que du décret du 29 floréal an 2. Alors le décret du 27 août 1792 auroit été seul remis en vigueur. Alors les domaniers auroient été mis à l'abri du congément qui, au gré d'un seigneur avide, met leur propriété, leur fortune, leur existence à la merci de deux ou trois prétendus experts, souvent sans expérience, s'ils ne sont pas sans probité. Ils auroient été autorisés à racheter leurs redevances, mais obligés de les payer exactement jusqu'au rachat.

Sur la proposition de rapporter la loi du 9 brumaire an 6, j'ai été parfaitement d'accord avec cinq autres membres de la Commission. Mais lorsque j'ai proposé de rapporter aussi le décret du 29 floréal an 2, je me suis trouvé presque seul de mon opinion. J'ai *réservé* de la soumettre au jugement du Conseil (1). Je

(1) Voyez mon opinion du 16 fructidor an 6, page 74. Elle étoit distribuée avant que je pusse avoir connoissance de l'écrit glissé *dans nos distributions*, environ trois jours après, sous le titre de *Notions sur le Domaine congéable*. Dans cet écrit, page 42, les seigneurs fonciers supposent qu'après avoir proposé dans mon opinion du 25 pluviose an 5, d'examiner le mode de rachat adopté par la loi du 27 août 1792, et *proclamé l'injustice du décret du 29 floréal an 2*, je suis devenu, dans la Commission, le plus décidé défenseur de ce décret, et que je ne veux plus qu'on examine ce mode de rachat que j'ai toujours cru juste, que je n'ai jamais renoncé à défendre, mais que j'ai toujours proposé d'examiner, bien disposé à l'abandonner, si l'on en présente un plus équitable. Ce mensonge est suivi de cette tirade: « c'est »ainsi qu'en matière d'usurpation les idées et les desirs »s'agrandissent progressivement, et que ce qui répu-»gnoit au commencement est ensuite poursuivi avec avi-»dité, etc. ». J'atteste ici tous les membres de la Commission, j'invoque leur témoignage contre cette nouvelle explosion de la fureur du *procureur général* des seigneurs, qui me déchire depuis trois ans dans les écrits qu'il colporte ou qu'il fait distribuer au Corps législatif, uniquement parce que j'ai été le rapporteur du Comité féodal de l'Assemblée législative dans cette affaire; parce que j'ai présenté à cette Assemblée l'opinion de son Comité féodal, *rédigée entièrement par un seigneur convenancier, vice-président de ce Comité*; parce qu'enfin je crois devoir défendre cette opinion, jusqu'à ce qu'on ne m'en démontre l'erreur et l'injustice.

vous dirai comment on l'a combattue et sur quels motifs je la fonde.

Le seul membre de la Commission qui ait défendu et qui défende encore la loi du 9 brumaire an 6, a été le premier à s'opposer à la proposition que j'ai faite d'ajouter au projet de résolution cet article: *le décret du 29 floréal an 2 est pareillement et demeure rapporté. Il falloit*, me disoit-il, *être conséquent.*

L'inconséquence qu'il me reprochoit consistoit en ce que d'un côté j'avois soutenu, démontré même que le domaine congéable *participoit de la nature des fiefs*, et que d'un autre côté je proposois l'abrogation de ce décret du 29 floréal an 2, qui n'avoit précisément pour motif que cette féodalité, de ce décret enfin qui appliquoit aux rentes de domaine congéable, la disposition de la loi du 17 juillet 1793, portant *suppression sans indemnité de toutes rentes et redevances créées originairement avec quelque mélange ou signe de féodalité.*

J'observe d'abord que ce membre n'étoit pas conséquent lui-même. Il défendoit, il défend toujours la loi du 9 brumaire, *qui rapporte le décret du 29 floréal an 2*. Si la loi du 9 brumaire étoit maintenue, il trouveroit bon que le décret du 29 floréal an 2, demeurât rapporté ; et lorsqu'il s'agit de rapporter la loi du 9 brumaire, il ne veut plus que ce décret du 29 floréal an 2 soit abrogé ; il devient alors le plus ardent défenseur de ce décret.

Je dirai bientôt le motif de cette conduite contradictoire. Mais je dois expliquer ici com-

ment les autres membres de la Commission se
sont décidés contre ma proposition d'abroger
le décret du 29 floréal an 2.

Ils ont vu dans le décret de l'Assemblée constituante que les domaniers devoient des *droits
et redevances convenancières de même nature
et qualité que les droits féodaux supprimés
sans indemnité.*

Ils ont vu dans le rapport de Lemerer que
les domaniers *devoient des cens et rentes féodales.*

Ils ont vu dans deux mémoires distribués au
Corps législatif par les seigneurs convenanciers, en l'an 5, pour servir de *supplément* à
ce rapport, que le tenement convenancier
étoit *entaché et souillé de féodalité*; qu'il pré-
sentoit *des taches et des souillures féodales.*

Ils ont vu cette féodalité démontrée par le
texte des usemens, par la jurisprudence des
arrêts, par une foule de baux, de baillées,
d'aveux, de déclarations, et attestée par les
états de la ci-devant province de Bretagne,
par les auteurs qui ont le mieux connu cette
matière, par les seigneurs convenanciers eux-
mêmes, avant et depuis la révolution.

Ils ont vu que l'usement de Tréguier dit
que la concession à domaine congéable se fait
à perpétuité; que tous les autres usemens sont
rédigés dans le même esprit, puisque tous ils
permettent aux domaniers de *s'approprier de
leurs tenues*, par les mêmes formalités qui
rendent les acquéreurs de biens immeubles
et fonciers *propriétaires irrévocables.*

Ils ont vu les seigneurs dans leurs baux,
déclarer tantôt que leurs *rentes* de domaine

congéable étoient *foncières-perpétuelles* ; tan-
tot , qu'ils faisoient la concession à domaine
congéable , *à titre de pure et simple vente ,
irrévocable à jamais* ; tantôt, qu'ils la faisoient
*pour en jouir le preneur et les siens audit
titre de domaine congéable à jamais , au tems
à venir.*

Ils ont vu , en conférant les titres entr'eux
et avec les usemens qui leur servent de complément , que ceux de ces titres qui n'énon-
çoient pas expressément cette *perpétuité* ,
la contenoient implicitement , qu'ils étoient tous
rédigés dans le même esprit , gouvernés par
les mêmes principes , appuyés sur les mêmes
bases , les usemens et la jurisprudence des
arrêts.

Ils ont vu les bailleurs à domaine congéable,
dans les actes de concession , se qualifier indifféremment, *seigneurs-fonciers, seigneurs-pro-
priétaires directs , seigneurs-domaniers , sei-
gneurs-féodaux,* ou simplement *seigneurs* (1) ;

---

(1) Les seigneurs convenanciers, dans l'écrit intitulé
Notions sur les Domaines congéables , accusent la Commission de *malveillance réfléchie ,* d'avoir voulu *exciter
la prévention contre eux ,* parce que , disent-ils , elle les
a appelés quelquefois *seigneurs, sans rien ajouter,* parce
qu'elle a *retranché l'épithète fonciers.* Cependant ce n'est
pas seulement dans leurs baux et baillées , c'est encore
dans leurs usemens , presque à chaque article , qu'on les
voit s'appeler eux-mêmes *seigneurs sans rien ajouter.*
Tous les auteurs qui ont traité cette matière , tels que
celui des Institutions convenancières, et le dernier commentateur de l'usement de Rohan, les appellent presque à chaque page , *seigneurs, sans rien ajouter.* Le
dernier commentateur de l'usement de Rohan porte
même *la malveillance* jusqu'à les appeler *seigneurs
féodaux ,* et appeler leurs rentes *féodales.* Je demande ce

qualifier les domaniers, *leurs hommes, leurs sujets, leurs vassaux*, stipuler des *rentes*, qu'ils appelloient indifféremment, *foncières-perpetuelles, foncières-convenancières, foncières-domaniales, foncières-féodales, foncières-seigneuriales*; énoncer l'obligation des domaniers à leur *porter honneur et respect*, ou l'obligation générale *à tous les droits, devoirs, soumissions et obéissances, que les domaniers doivent à leurs seigneurs, à leurs seigneurs-fonciers, à leurs seigneurs-fonciers et féodaux, suivant les usemens, suivant la nature du tenement convenancier.*

Ils ont vu qu'entre tous les droits féodaux qui ont pesé sur les domaniers, entre toutes les *taches*, toutes les *souillures féodales* du domaine congéable, ce qu'il y avoit de plus oppressif et de plus féodal, étoit le droit de congément; ce droit que les rois, lorsqu'ils voulurent l'abolir, appeloient une *servitude* ruineuse pour les domaniers et fatale à l'agriculture; ce droit que les seigneurs, lorsqu'ils s'y firent maintenir en 1539 et 1580, appelloient un *privilège*; ce droit que le seigneur de Rohan, en 1484, appelloit aussi un *privilège, une prééminence, une prérogative*, qu'il ne tenoit pas par convention, mais en vertu de sa *possession* et de celle de ses *auteurs*; ce droit que ce seigneur mettoit sur la même ligne, faisoit venir de la même source, et étoit

---

que l'on doit penser d'une cause que le *procureur général* des seigneurs fonciers ne peut défendre sans infester nos distributions journalières d'écrits diffamatoires contre tous les représentans du Peuple qui ne partagent pas son opinion ?

en effet de la même nature que le droit qu'il s'arrogeoit aussi alors d'empêcher ses domaniers d'afferiner leurs tenues, et de les obliger à y demeurer, à les exploiter eux-mêmes, *à peine de commise ;* ce droit que les anciens titres appellent un droit *de sieur à homme, de seigneur à homme ;* ce droit que les auteurs appellent un *droit écrit dans les usemens ;* ce droit que l'usement de Tréguier appelle un *retrait* (1) ; ce droit enfin qui n'est en effet qu'un *retrait fondé sur les loix et les usages ,* un *retrait légal, seigneurial et féodal,* et qui ne peut se concilier autrement avec la jouissance *perpétuelle,* avec la *propriété irrévocable* que les titres et les usemens donnent aux domaniers.

Après s'être ainsi convaincus que le bail à domaine congéable, n'étoit réellement qu'*un bail à rente foncière-perpétuelle, participant de la nature du fief roturier* ou *du bail à cens seigneurial,* ces membres de la Commission, m'ont dit aussi, qu'il falloit être conséquent ; qu'il ne pouvoit y avoir de difficulté à rapporter la loi du 9 brumaire an 6 ; mais que le domaine congéable ayant des *taches* et des *souillures féodales,* que les rentes de domaine congéable ayant été *créées avec un mélange de féodalité,* le décret du 29 floréal an 2, étoit une conséquence aussi juste

***

(1) La Commission, dans son rapport, a appelé aussi le droit de congément un *retrait.* L'auteur des *Notions* a répondu gravement et briévement : *le congément n'est point un retrait.* Cependant il fait voir qu'il avoit sous les yeux l'usement qui lui disoit le contraire. Je demande enfin de quelle part est *la malveillance réfléchie ?*

que nécessaire, de la loi du 17 juillet 1793, et que nous ne pouvions proposer de rapporter ce décret, puisque nous ne pouvions proposer le rapport de la loi du 17 juillet 1793, dont l'examen et la censure n'entroient pas dans l'objet de notre mission.

Ces membres de la Commission raisonnoient de bonne-foi. En thèse générale ils étoient très-*conséquens* ; mais dans ce cas particulier, leur attachement à un principe *controversé*, quoique consacré par la loi du 17 juillet 1793, les a entraînés dans un piége que je voulois leur faire éviter: ils craiguoient qu'en proposant le rapport du décret du 29 floréal an 2, ils ne préjugeassent l'abrogation de la loi du 17 juillet 1793, et *dans le fait*, cette crainte n'étoit pas fondée. Ils croyoient devoir accorder aux domaniers tout ce que le principe consacré par cette loi leur permettoit d'exiger, et, *dans le fait*, c'étoit exposer les domaniers à ne rien obtenir, en demandant pour eux plus qu'ils ne demandoient eux-mêmes ; c'étoient donner aux seigneurs, pour défendre la loi du 9 brumaire, le même moyen qu'ils avoient employé avec le plus de succès pour la faire rendre.

Je m'explique :

Les domaniers, plus raisonnables que leurs seigneurs, n'invoquent pas contr'eux la rigueur du principe qui a motivé la loi du 17 juillet 1793. Ils n'ont pas demandé que la loi du 29 floréal an 2, fût rendue. Ils ne demandent pas qu'on la maintienne. J'en atteste les pétitions, en nombre infini, qu'ils ont adressées au Conseil, et que chacun de mes collègues peut

[13]

consulter dans le carton de la Commission. Ils
ne demandent pas la suppression de leurs redevances sans indemnité, mais la faculté de
les racheter. Ils ne veulent pas s'enrichir aux
dépens de leurs seigneurs, mais leur rembourser leurs rentes à leur juste valeur; mais se
soustraire à la servitude du congément; mais
affranchir, par un rachat équitable, leurs propriétés, pour assurer l'affranchissement de leurs
personnes.

Maintenant mes collègues, rappellez-vous
le parti que les seigneurs convenanciers ont
tiré, en l'an 5 et en l'an 6, contre les domaniers, du décret du 29 floréal an 2. C'est
principalement à l'aide de ce décret qu'ils ont
fait intervenir le Directoire exécutif dans la
discussion de cette affaire en l'an 5. Ils firent
observer au ministre des finances, la perte
qu'éprouvoit la république par la suppression
sans indemnité, des rentes de domaine congéable. Ce tableau, qu'on ne manqua pas d'*exa-
gérer* (1), enflamma le zèle du ministre et du
Directoire exécutif. Un messsage du 17 messidor an 4, demanda *la révision des loix,
sur le domaine congéable*, et à l'appui de ce
message, on combattit non-seulement le décret du 29 floréal an 2, mais même la loi du
27 août 1792. On ne se borna pas à vouloir
indemniser le trésor public par le rapport du

____

(1) Le Directoire, dans son message du 5 pluviose
dernier, page 3, convient de cette *exagération*, et que
lorsqu'il fit son message du 17 messidor an 4, *il pensoit
pouvoir compter sur des produits plus considérables, parce
qu'il se régloit sur les données présentées par le département du Morbihan.*

décret qui supprimoit les rentes convenancières sans indemnité ; on demanda aussi le
rapport de la loi qui permettoit de les racheter.
On voulut que le gouvernement républicain
eût *des hommes*, *des sujets*, *des vassaux
domaniers*, tandis qu'il étoit prouvé que le
gouvernement royal avoit rougi d'en avoir.
On fit l'injure au Directoire exécutif, de
demander en son nom, et à l'appui de son
message, le rétablissement du droit de congément, d'*un privilège*, d'*une servitude*, que
les rois même avoient voulu abolir.

Avec quel zèle les seigneurs convenanciers
et leurs partisans affectoient alors de plaider
la cause de la république ! mais l'intérêt des
finances nationales n'est pas le seul qu'ils firent
valoir, pour émouvoir les deux Conseils. Des
milliers de républicains, disoit-on, des milliers
de pères de familles, n'avoient pour toute fortune que des rentes convenancières. La suppression de ces rentes sans indemnité, les
réduisoit tous à la dernière indigence.

Ces tableaux, sans-doute, devoient faire
impression. J'étois loin d'y être insensible !
« Vrais amis de la république, disois-je dans
mon discours du 25 pluviôse an 5, que vous
conseille son intérêt ? rapportez les décrets
qui suppriment sans indemnité, les redevances
féodales et convenancières. confirmez le décret de l'Assemblée législative, qui abolit le
domaine congéable, levez les entraves que
des administrations et des tribunaux, composés
de seigneurs convenanciers ou d'héritiers pré-
somptifs de seigneurs, ont mis au rachat des
rentes convenancières. Rendez, *s'il est pos-*

sible, ce mode de rachat plus juste ; alors vous verrez les domaniers s'empresser de venir au secours de la république, en accélérant de tous leurs moyens le rachat de leurs redevances. Ceux que les réquisitions et les sacrifices de tout genre qu'ils ont faits à la patrie ont épuisés, emprunteront. Dans quelques mois, le trésor public régorgera de numéraire. Vous aurez concilié l'intérêt des finances avec celui de la liberté et de l'agriculture, et tous les intérêts de la république, avec la stricte justice que vous devez à des colons, dont on veut consommer l'expropriation, commencée depuis plusieurs siècles ».

Je parlois *aux amis de la république*, et c'étoit en l'an 5. Je proposois de bonne foi, le seul moyen admissible pour contenter toutes les parties qui avoient intérêt dans cette affaire, et qu'il étoit possible de contenter sous le gouvernement républicain. Un grand nombre ne m'entendit pas. Les seigneurs continuèrent d'argumenter du préjudice que le décret du 29 floréal an 2, causoit tant à la république qu'aux particuliers bailleurs à domaine congéable. Cette tartufferie, dont, sans doute, ils n'eurent pas besoin pour réussir au Conseil des Cinq-Cents, le 17 thermidor an 5, leur fut d'un grand secours au Conseil des Anciens, le 9 brumaire an 6. Plusieurs membres de ce Conseil, m'ont assuré qu'*en point de droit*, on y convenoit assez généralement que le domaine congéable étoit *infecté de féodalité*, mais que les considérations d'équité, la juste commisération qu'inspiroient des pères de familles, ruinés par la suppression de leurs rentes sans indemnité, ne permirent pas de consulter la rigueur des principes. Le rapporteur, lui-même, ne désavouoit pas que le décret de 1791, que la nouvelle loi alloit remettre en vigueur, offroit des taches que les parties lésées pourroient dénoncer au conseil des Cinq-Cents, auquel seul, disoit-il, l'*initiative appartenoit*. On voit par-là, que le Conseil des Anciens, qui a bien *l'initiative* du rejet des résolutions imparfaites ou injustes, n'adopta la loi du 9 brumaire, que parce qu'il crut devoir saisir l'occasion, pour rapporter le décret du 29 floréal an 2. J'ai la conviction que, si ce décret n'eût jamais existé; que si le Conseil des Anciens n'eût eu à délibérer que sur le rapport de la loi du 27 août 1792; que si la résolution n'eût eu pour objet que le rapport de cette loi; la résolution auroit été rejettée, et que la loi du 9 brumaire n'existeroit pas.

Vous voyez maintenant, mes collègues, pourquoi le membre de la Commission qui défend la loi du 9 brumaire, s'est opposé le premier, à ce que la Commission, en vous proposant le rapport de cette loi, vous proposât aussi l'abrogation du décret du 29 floréal an 2; c'est que le projet de résolution ne tendant qu'à rapporter la loi du 9 brumaire, et faisant revivre celle du 29 floréal an 2, devoit fournir aux seigneurs, pour le combattre, un moyen dont ils avoient déjà éprouvé la force. Bientôt une motion d'ordre vous a annoncé qu'ils avoient fait parvenir au Directoire exécutif, par quelques administrations centrales, des *renseignemens*, qu'ils

auroient pu faire parvenir directement au
Conseil, sur les rentes convenancières de la
république qui avoient été vendues et sur celles
qui restoient à vendre. On vous a fait demander ces renseignemens par un message. Tout ce
grand appareil n'a eu pour objet que de mettre
encore en avant l'intérêt de la république,
de faire intervenir le Directoire exécutif, de
l'appeller encore au secours des seigneurs,
d'imprimer un caractère officiel et de donner
plus de poids à des renseignemens qu'ils
donnent eux-mêmes dans leur propre cause.

Vous avez vu le message du Directoire exécutif, du 5 pluviôse dernier, en réponse au
vôtre. Ce message n'est, comme il le dit bien,
que la répétition des *réflexions* envoyées par
les autorités locales, c'est-à-dire, les administrations centrales; et ces administrations,
composées, en partie, de seigneurs convenanciers, ont naturellement sur cette question,
des préjugés bien tenaces, bien propres à in-
fluencer leur opinion. Ce message, comme il
le dit encore, n'est, en partie, que la répétition de celui du 17 messidor an 4. J'ai dit
dans mon opinion du 25 pluviôse an 5, comment celui du 17 messidor fut surpris au
Directoire exécutif. Il est évident, pour qui-
conque veut réfléchir, que celui du 5 pluviôse dernier, a été surpris de la même manière; qu'il a été rédigé d'après les mêmes
erremens, sous la même influence, par la
même main, d'après les seules données four-
nies par les adversaires des domaniers, et que
le rédacteur qui, je n'en doute pas, a voulu
porter un jugement aussi juste qu'impartial,

2

a été dans l'impossibilité de le faire , parce qu'il n'a pas eu sous les yeux les vrais élémens de la matière sur laquelle il a prononcé. J'en donnerai plusieurs preuves. Mais examinons seulement ici ses contradictions et ses équivoques.

Il demande que vous *consolidiez la propriété dans la main des domaniers*, et c'est aussi ce que je demande, avec la Commission ; mais il dit ailleurs que vous devez *maintenir la loi du 9 brumaire*, ce qui est tout différent, puisque cette loi *exproprie les domaniers*, et transmet la propriété *dans la main de leurs seigneurs fonciers.*

Il dit que *déja le Corps législatif entier a prononcé en faveur des domaniers*, ce qui est bien vrai, si on entend parler de la *première légilature* et de son décret du 27 août 1792 ; mais très-faux, si on entend parler du Corps Législatif actuel, et de la loi du 9 brumaire an 6.

Il y avoit à l'Assemblée législative un grand nombre de seigneurs convenanciers. Pas un d'entr'eux ne s'opposa à la loi du 27 août, et plusieurs au contraire, l'appuyèrent de tous leurs moyens (1).

---

(1) Mon collègue Creuzé-Latouche m'a dit que cette loi fut rendue dans un tems *d'anarchie, lorsque l'Assemblée législative ne discutoit pas.* Comme plusieurs de mes collègues peuvent partager cette erreur, j'y réponds, 1°. que jamais la première Législature ne fut plus grande, plus digne du Peuple français que le 10 août, et depuis ; 2°. que le projet que je présentai sur le domaine congéable fut discuté dans trois séances bien prolongées du Comité féodal, *présidé alors par son vice-*

A l'égard du Corps législatif actuel, les seigneurs eurent une grande *majorité*, non l'*unanimité* au Conseil des Cinq-Cents, le 17 thermidor an 5 ; mais cette majorité, qu'étoit-elle ? Elle se composoit de trois sortes d'élémens, des parties intéressées au succès des seigneurs convenanciers ; des représentans de Louis 18 ; et de ceux qui n'ayant rien entendu ni rien lu de ce qui avoit été dit ou écrit pour les domaniers avant leur entrée au Corps législatif, n'ayant entendu sur cette matière qu'un seul discours en faveur des seigneurs, prononcé la veille 16 thermidor, ne purent, avec la meilleure volonté, émettre leur opinion avec connoissance de cause.

Au Conseil des Anciens les suffrages se balancèrent long-temps, et si le 9 brumaire les seigneurs obtinrent la majorité, une minorité respectable, imposante par ses lumières, sa moralité, son civisme, un tiers au moins du Conseil vota pour les domaniers et contre la loi du 9 brumaire.

Otez des deux autres tiers les seigneurs convenanciers qui votoient dans leur propre cause ;

----

président, *qui étoit seigneur convenancier*, et en présence de plusieurs autres seigneurs fonciers, qui discutèrent avec le Comité, et qui furent d'accord avec lui sur les bases adoptées ; 3°. que le projet définitif fut rédigé en entier par ce seigneur foncier, *vice-président du Comité* ; 4°. que mon rapport fut lu à la tribune de l'Assemblée par un autre seigneur foncier ; 5°. qu'il fut *discuté* dans deux séances, et que dans l'une et l'autre *il reçut des amendemens*. Répondant à la même objection dans mon opinion du 25 pluviose an 5, j'y ai maintenu tous ces faits, ils n'ont pas été contestés : ils sont notoires.

ôtez ceux qui n'ayant pas assez approfondi la question, changèrent d'avis le 9 brumaire, d'après un discours *plein de calomnies et d'erreurs de fait et de droit*, prononcé dans cette séance par le rapporteur (1); alors cette majorité se trouvera bien réduite.

Dans tous les cas, il est certain que les seigneurs n'ont pas eu, à beaucoup près, l'unanimité dans l'un ni dans l'autre Conseil, et qu'on a véritablement trompé le Directoire exécutif, si, en lui faisant dire que *déjà le Corps législatif entier a prononcé en faveur des domaniers*, on entend *le Corps législatif actuel*, soit, au reste, que, sous le nom de *domaniers*, on entende les preneurs à domaine congéable, à qui seuls ce nom appartient, ou bien les bailleurs à qui ce nom ne fut jamais donné, si ce n'est dans quelques vieux titres, en le faisant précéder du mot *seigneur*.

Voulez-vous, représentans du Peuple, rassurer la classe la moins éclairée et la moins fortunée des citoyens français, à qui vous devez

---

(1) Il m'accusoit d'avoir *entrepris de dépouiller tous les propriétaires français*. Il disoit qu'il y avoit deux sortes d'usemens de domaine congéable, les vrais et les faux; qu'il citoit les vrais, que j'avois cité les faux; que tous ceux qui défendoient les domaniers au Conseil des Anciens, ne faisoient que *me copier* et me suivre aveuglément; que les *roturiers* pouvoient donner à domaine congéable, et qu'en Bretagne *il falloit être noble* pour avoir des fiefs et faire des concessions à titre de féage noble ou roturier, etc. etc. J'ai repoussé cette *agression* par une lettre modérée que j'ai cru devoir faire imprimer, et quelques-uns de mes collègues m'en ont blâmé, comme si les seigneurs fonciers et leurs défenseurs dévoient aussi avoir le privilège de calomnier impunément.

aussi protection et justice; voulez-vous la rassurer contre les entreprises, les menées de ceux
qui réunissant les lumières, l'astuce et les ri-
chesses, peuvent venir à Paris, ou y salarier
des agens pour *manipuler* la bureaucratie, pour
tromper le Gouvernement et les représentans
du Peuple? Voulez-vous faire voir qu'il ne suffit pas d'induire en erreur un chef de bureau,
ou un ministre, et de surprendre un message
au Directoire exécutif, pour vous pétrifier, si
j'ose parler ainsi, devant cet acte matérielle-
ment officiel, et paralyser ou entraver votre
justice? Eh bien! déjouez cette intrigue des
seigneurs convenanciers et de leur *comité féodal*. Déjouez cette intrigue qui, toute ridicule
qu'elle est, pourroit encore en imposer à ceux
qui n'en connoissent pas les ressorts. Rapportez le décret du 29 floréal an 2 et la loi du 9
brumaire an 6, faites revivre seulement la loi
du 27 août 1792. Par-là tous les intérêts légitimes se trouveront conciliés. Les domaniers
auront ce qu'ils demandent, la république tout
ce qu'elle peut demander ; et si quelques seigneurs convénanciers ne sont pas satisfaits, il
vous sera aisé de voir qu'ils tiennent à un parti
qui aspire à autre chose qu'à rétablir la servitude convenancière dans la ci-devant Basse-
Bretagne; à un parti qui depuis trois ans attaque dans sa base toute notre législation sur
l'affranchissement des terres et des possesseurs;
à un parti qui, sous différens noms, mais toujours avec les mêmes titres, poursuit, sans cesse,
le rapport de la loi du 18 décembre 1790 *sur
le rachat des rentes et redevances foncières ;*
à un parti qui veut faire déclarer non-rache-

tables et perpétuels jusques aux droits de *champart*, *terrage* et *complans seigneuriaux*, et rétablir les *usages*, les *coutumes* qui régissoient ces droits et en aggravoient la tyrannie (1).

Quel motif, mes collègues, pourroit vous faire hésiter à rapporter le décret du 29 floréal an 2? C'est, j'en conviens, une conséquence de la loi du 17 juillet 1793. Mais, faut-il que je m'explique encore franchement sur cette loi? Lorsqu'elle supprime sans indemnité quelques *droits casuels* que l'Assemblée législative avoit conservés, je l'approuve; mais lorsqu'elle supprime de la même manière les rentes et redevances fixes qui sont *prouvées être le prix d'une concession primitive de fonds*, j'avoue qu'il me paroît difficile, sinon impossible, de la concilier avec la justice que vous devez à la république et aux particuliers (2).

---

(1) Voyez le rapport fait en l'an 5 par Desmolin, sur les *baux à culture perpétuelle*, le discours de Mcaulle contre ce rapport, ceux de Saint-Martin (de l'Ardèche) et de Pellet (de la Lozère) sur ce même rapport, et la demande qui fut faite alors d'excepter aussi de la loi du rachat *les baux à locaterie perpétuelle*, compris nommément dans le décret du 18 décembre 1790.

Voyez enfin le rapport de Boullay-Paty sur *les baux à devoir de tiers et de quart*; et pour avoir une idée de ces baux, ainsi que de *l'usage* qu'on veut faire revivre pour être le régulateur des bailleurs et des preneurs, voyez quelques arrêts et réglemens du ci-devant Parlement de Bretagne, dans la dernière édition de la collection de Dénisart, au mot *complant*. Voyez aussi le journal de ce ci-devant Parlement, tome III, pag. 593 et suiv.

(2) On voit qu'ici je ne suis pas tout-à-fait de l'avis de mon collègue Tronchet, qui veut que *l'abolition du régime féodal n'entraîne pas la destruction du contrat féo-*

Je me trompe peut-être. Mais vous voyez que cette disposition de la loi du 17 juillet 1793 est attaquée tous les ans; que toutes vos Commissions des finances en ont proposé l'abrogation (1); que tout récemment le Directoire vous y a invités par son message sur l'apperçu des dépenses de l'an 7. Cette disposition de la loi n'a donc, pour ainsi dire, qu'une existence précaire. Dans un an, dans six mois, plutôt peut-être, elle n'existera pas. Or, dans l'incertitude si elle sera rapportée ou maintenue, qui pourroit raisonnablement l'invoquer pour perdre les domaniers, en s'obstinant à demander pour eux plus qu'ils ne demandent eux-mêmes.

Craignez-vous de préjuger le rapport de la loi du 17 juillet 1793? Eh bien! ce préjugé ne résultera pas du rapport du décret du 29 floréal an 2. Le premier rapporteur de cette affaire au Conseil des Anciens l'a bien définie. C'est, a-t-il dit, *un grand procès.* Jugez donc ce *grand procès* sans *ultrà petita,* c'est tout ce

---

dal (Voyez son rapport sur les domaines congéables et mon opinion du 16 fructidor en 6, page 3), ni de l'avis de mon collègue Creuzé-Latouche, qui pense, m'a-t-il dit, que c'est *une injustice d'avoir supprimé sans indemnité, dans les mains des ci-devant seigneurs, les droits casuels* de lods et ventes, deshérence, rachat, etc. Je me rapproche davantage de l'opinion du Directoire et de vos Commissions des finances, qui n'ont jamais proposé de rétablir, de déclarer rachetables les droits casuels, mais les seules rentes qui sont prouvées être le prix d'une concession primitive de fonds.

(1) Rapport fait par Treilhard le 28 Ventose an 5; autre par Fabre (de l'Aude) du 14 germinal même année; autre par Auzun, du 4 thermidor suivant, etc.

que je vous propose, Ce ne sera pas là *transiger*
avec les principes, mais les respecter ; ce ne
sera pas *préjuger* le rapport de la loi du 17 juillet 1793, mais la laisser dans toute sa force. Si
vous ne confirmez pas le principe qui l'a mo-
tivée, du moins vous n'y porterez aucune at-
teinte, vous en aurez fait abstraction. Les circonstances de l'affaire, la modération des domaniers, ne vous auront pas permis d'examiner
le point de droit. Vous aurez rapporté le décret
du 29 floréal an 2, parce que vous n'aurez pas
pu dire aux domaniers : « Vous ne demandez
»que la faculté de racheter vos redevances,
»mais nous vous accordons bien plus ; nous les
»supprimons sans indemnité ».

Ah ! mes collègues, cette indemnité, vous la
devez à la république, à ses créanciers, à tous
les bailleurs à domaine congéable. Elle doit
être telle que les seigneurs n'aient pas le plus
leger prétexte de plaintes ; les domaniers ne
s'y refusent pas. Ils béniront votre justice, si
en rapportant la loi du 9 brumaire an 6 et le
décret du 29 floréal an 2, si enfin en remettant
en vigueur la loi du 27 août 1792, vous leur
permettez de racheter leurs redevances, Mais
votre justice aussi vous commande d'examiner
si le mode de rachat, adopté par cette loi du
27 août 1792, est proportionné aux droits légitimes des seigneurs convenanciers. C'est ce
mode de rachat qui doit fixer toute votre sol-
licitude. C'est lui seul qui devroit fixer toute
l'attention des seigneurs. Je les ai invités à le
discuter en l'an 5 ; je les invite à le discuter
aujourd'hui. Je suis persuadé qu'il les indem-
nise parfaitemeut. J'ai *réservé* de soumettre

au Conseil les raisons qui me portent à le croire (1). Les voici : qu'on les juge.

Dans l'ancien régime, les seigneurs convenanciers, dans leurs *partages*, n'estimoient et ne partageoient *tous leurs droits et prétentions*, dans les tenues à domaine congéable, qu'*au denier 25 des rentes et charges convenancières*. Sous l'usement de Rohan seul, ils les estimoient au denier 40 des rentes, à cause *des casuels des lods et ventes et deshérences* Ces droits casuels ont été supprimés sans indemnité par l'Assemblée constituante. On ne cherchera pas sans doute, on ne réussira pas du moins à les faire revivre (2). Ainsi sous l'usement de Rohan, comme sous les autres usemens, les droits des seigneurs, dans les tenues conve-

______

(1) Voyez mon opinion du 16 fructidor an 6, p. 74.

(1) Cependant il paroît que c'est le projet de l'auteur des *Notions sur les domaines congéables*. Dans son mémoire de l'an 5, il déclaroit qu'il n'avoit jamais entendu et qu'il n'entendoit pas encore *faire cause commune* avec les seigneurs fonciers sous l'usement de Rohan, parce que cet usement *renfermoit sur la deshérence, les lods et ventes*, et d'autres objets, *des singularités que l'Assemblée constituante avoit abolies.* Tout en faisant ces protestations, il réussit à obtenir la loi du 9 brumaire, aussi favorable aux seigneurs fonciers sous l'usement de Rohan qu'aux autres. Aujourd'hui il fait *cause commune* avec eux. Leurs baux à convenant, dit-il, ne sont que des *baux à plusieurs vies ou sur plusieurs têtes.* L'usement de Rohan n'offre *aucune singularité, aucune souillure de féodalité*, pas même dans la manière de *succéder*, que l'Assemblée constituante a supprimée comme une institution féodale, ni dans les *droits de lods et ventes et deshérence*, que la loi du 7 juin 1791 a supprimés nommément comme *étant de même nature et qualité que les droits féodaux supprimés sans indemnité.*

nancières, ne peuvent s'estimer qu'au denier 25 des rentes.

Ce n'est pas seulement dans les partages que ce mode d'estimation étoit reçu. Il l'étoit aussi dans les *instances d'assiette et de rescision pour lésion*, en un mot par-tout où il étoit question de connoître la juste valeur des droits des seigneurs convenanciers dans les tenues de leurs domaniers.

Les *bois* prétendus *fonciers*, les *casuels des commissions* ou *nouveautés*, c'est-à-dire les fruits du droit de congément, *ce droit de congément lui-même*, et *le fond* des tenues à convenant, en un mot tous les droits, tous les profits attachés à la seigneurie foncière et convenancière, étoient compris dans cette estimation des rentes au denier 25 (1).

Or, d'après le décret du 27 août 1792, les rentes convenancières qui sont payables en argent, doivent être rachetées au denier 20. Celles qui sont payables en *grains*, *chapons*, *poules*, *beurre* et autres denrées (et telles sont à-peu-près, les trois quarts des rentes de convenant) doivent être rachetées au denier 25.

Mais dans cette estimation, dans ce mode de rachat, n'entrent pas les casuels des commissions ou nouveautés. L'Assemblée législative les a supprimés sans indemnité : elles les a considérés comme des rançons qui s'extorquoient par la menace du congément. On ne

---

(1) Institutions convenancieres, tome I, page 215. Acte de notoriété du 14 janvier 1741. Arrêt du 1er juillet 1654. Autre arrêt du 7 décembre 1678, etc.

pouvoit pas les exiger des domaniers qui ne craiguoient pas d'être congédiés.

Dans cette estimation ne sont pas entrées les corvées qui n'étoient dues qu'en vertu des usemens ou d'une clause de soumission à ces usemens. L'Assemblée constituante avoit supprimé toutes ces corvées sans indemité, ou *reconnu du moins qu'elles devoient l'être*. L'Assemblée législative a confirmé cette suppression.

Dans cette estimation, on n'a pas compris les bois propres à œuvre, *existans sur les fossés et dans l'intérieur des clôtures*. L'Assemblée législative les a restitués aux domaniers. Cette restitution étoit demandée dans les *cahiers de charges*, que les domaniers n'avoient pas réredigés. Elle étoit demandée, comme un acte d'une sage politique, *pour intéresser les domaniers à la multiplication des bois* propres à œuvre, qui, disoit-on avec raison, dans ces cahiers, *commençoient à manquer dans la ci-devant Basse-Bretagne*. Elle étoit demandée comme un acte de stricte justice, parce qu'il étoit évident que la plupart des seigneurs ne s'étoient arrogés la propriété de ces bois que par usurpation, et cette usurpation qui n'étoit pas bien ancienne étoit une source de procès et de vexations continuelles pour les domaniers (1).

Ces bois n'existoient que par la tolérance

____

(1) Voyez le cahier des charges de *Vannes*, celui d'*Auray*, celui de *Gourin*, et celui de *Ploërmel* (département du Morbihan); celui de *Carhaix*, celui de *Châteauneuf-du-Faon*, et celui de *Lesneven* (département du Finistère).

des colons, puisqu'on convenoit qu'ils auroient pu les *arracher ou les couper* tous (comme en effet, ils commencoient à le faire depuis quelque tems), avant qu'ils eussent atteint la *grosseur nécessaire pour être réputés bois fonciers.* Ils n'existoient qu'à leur détriment et à leurs dépens, puisque, sur leurs fossés, ils nuisoient à leurs bois courans, et, dans l'intérieur de leurs clôtures, à leurs pâturages, à leurs récoltes.

L'entière propriété des fossés étoit reconnue aux domaniers. On leur reconnoisoit aussi au-moins, la propriété de la superficie, de la partie végétale et productive des terreins enclos (1). Il étoit naturel que la propriété des bois qu'ils avoient semés, plantés ou laissés croître sur ces fossés, sur cette superficie, leur appartînt, et que les seigneurs ne pussent plus *ravager leurs fossés et clôtures, leurs champs, leurs prairies,* pour disposer, à leur volonté, de ces bois prétendus *fonciers.*

Ce n'est qu'en 1580, que les seigneurs osèrent manifester leur prétention à ces bois.

---

(1) Dans l'ancien régime les seigneurs ne mettoient aucune différence entre les *superfices* et la *superficie* ou la *surface* du sol. Depuis mon rapport à l'Assemblée législative, ils ont cru devoir les distinguer. Cette distinction qui fut faite par Lemerer et autres en l'an 5, vient d'être renouvellée à la tribune du Conseil par mon collègue Guinot. Elle est d'une absurdité si choquante que j'ai peine à concevoir comment on a pu de bonne foi la reproduire. Voyez les *Institutions convenancières, glossaire,* p. 17 et 24 ; tom. I, p. 296 ; tom. II, p. 76, 123, etc. et mon opinion du 25 pluviose an 5, p. 199 et suiv.

Cette prétention fut combattue par les domaniers. Un arrêt de 1661 parut la favoriser. Cependant depuis cette époque et jusqu'au commencement de la révolution, les domaniers ont plaidé pour la propriété de ces bois. Ils offroient de prouver que *la possession*, c'està-dire l'usement dans sa pureté, étoit en leur faveur. Le ci-devant parlement de Bretagne, *rejettoit leur offre de preuves*, et donnoit gain de cause aux seigneurs (1).

Enfin, dans le mode de rachat adopté par le décret du 27 août 1792, ne sont pas compris les bois appellés *fonciers*, qui se trouvent sur les tenues convenancières en *rabines, avenues ou bosquets*. Ces bois, réservés aux seigneurs convenanciers, par la loi du 27 août 1792, doivent être rachetés séparément par les domaniers; et dans le cas où ils ne les racheteroient pas, et ne feroient pas leur soumission de les racheter dans le délai fixé par la loi, les seigneurs demeurent libres de les vendre et d'en disposer à leur volonté.

Ainsi, représentans du Peuple, ce mode de rachat, loin de mériter le blâme des seigneurs convenanciers, a dû surpasser leurs légitimes espérances. Il porte l'estimation de leurs droits dans les convenans, plus loin que la jurisprudence ne la portoit, plus loin qu'ils ne la portoient eux-mêmes. D'après ce mode de rachat, ils doivent être traités par leurs domaniers, mieux qu'ils ne se traitoient entr'eux, dans leurs partages, mieux qu'ils ne l'étoient dans les instances d'assiette, ou de rescision

____

(1) Instit. conv. tome I, p. 84 et suiv.

pour lésion, et partout où il s'agissoit d'estimer leurs droits à leur juste valeur.

On voit même que quoique l'Assemblée législative ait déclaré restituer aux domaniers *les bois propres à œuvre qui se trouvent sur leurs fossés, et dans dans l'intérieur de leurs clôtures*, quoiqu'elle ait déclaré *supprimer sans indemnité les corvées d'usement, le droit de congément, les casuels des commissions ou nouveautés*, quoiqu'elle ait reconnu les domaniers *propriétaires*, à bien juste titre, *du fond de leurs tenues*, quoiqu'elle ait dû conséquemment les dispenser de racheter tous ces objets, cependant, dans le fait, d'après le mode de rachat adopté par cette assemblée, les seigneurs devront se regarder comme remboursés des bois sur les fossés et dans l'intérieur des clôtures, et des corvées, droit de congément, casuels des commissions ou nouveautés, et enfin *du fond*, puisqu'ils comprenoient tous ces objets dans l'estimation de leurs rentes au denier 25, puisqu'ils y comprenoient même encore *les bois en rabines, avenues ou bosquets*, et que la loi du 27 août 1792, leur réserve entièrement ces derniers bois, outre le capital de leurs rentes au denier 20 et 25.

Aussi les seigneurs convenanciers qui se sont plaints de ce mode de rachat sont les mêmes qui se sont plaints avec beaucoup d'amertume, du décret de 1791 (1). Ce sont ceux qui vou-

---

(1) Voyez l'adresse des seigneurs convenanciers de Morlaix à la Convention nationale, et le mémoire distribué aux deux Conseils en l'an 5 par quelques seigneurs fonciers du Morbihan, rédigé par l'auteur des *Notions sur le domaine congéable.*

droient le rétablissement de la tyrannie convenancière, dans toute sa force ; ceux, en un mot, qui regrettent les *privilèges, prééminences* et *prérogatives* que les usemens et la jurisprudence leur donnoient sur les personnes et sur les biens de leurs *hommes, sujets et vassaux domaniers.*

La plupart des seigneurs convenanciers sont satisfaits du mode de rachat adopté par la loi du 27 août 1792. Plusieurs se sont empressés d'inviter leurs colons à racheter leurs redevances. De ce nombre se trouve le ci-devant comte de Château-Giron, l'un des plus riches seigneurs convenanciers de la ci-devant Basse-Bretagne. Je sais qu'il a chargé tous ses agens d'engager ses domaniers à racheter leurs redevances, et qu'il reçoit ce rachat à un taux bien inférieur à celui fixé par la loi du 27 août 1792.

Combien en effet ce mode de rachat n'est-il pas avantageux, dans ce tems sur-tout, où les biens, même patrimoniaux, se vendent à peine au denier huit ou neuf. Combien n'est-il pas plus désirable pour les seigneurs convenanciers, qui aiment, qui ne haïssent pas la république, d'être remboursés au denier 20 et 25, sans compter leurs bois fonciers, et de pouvoir placer le produit de ce rachat en acquisition de biens nationaux, que de lutter sans cesse contre leurs domaniers, que de conserver dans la ci-devant Basse-Bretagne, un germe perpétuel de division et de haine, que de se voir eux-mêmes exposés, pour la plupart, à une ruine certaine par la loi du 9 brumaire.

En effet, cette loi semble n'avoir été faite que pour quatre classes d'hommes :

Pour les receveurs des grandes seigneuries que le rachat des rentes convenancières priveroit de recettes très-lucratives ;

Pour les experts à qui l'extinction du domaine congéable et la cessation des congémens et des *prisages* ne permettroient plus de piller les domaniers ;

Pour les parens d'émigrés et les ennemis de la république, qui voient dans le rétablissement de la servitude convenancière, un premier pas rétrograde, un commencement de retour vers l'ancien régime ;

Enfin, pour les seigneurs qui comptent assez sur leur aisance ou sur la détresse de leurs domaniers pour ne pas craindre que ceux-ci les somment de les congédier.

Il est certain que la loi du 9 brumaire, an 6, ou, ce qui est la même chose, le décret de 1791, en permettant aux *domaniers qui exploitent eux-mêmes leurs tenues*, de provoquer leur congément, menace un grand nombre de seigneurs, d'une ruine presque inévitable (2).

---

(2) Ce seroit encore bien pire, s'il étoit vrai, comme le soutient le *procureur général*, dans ses *Notions*, p. 26, que les domaniers qui n'exploitent pas leurs tenues eux-mêmes fussent autorisés, comme ceux qui exploitent eux-mêmes les leurs, à provoquer leur congément. Mais quelqu'effort qu'il fasse pour pallier *une violation manifeste de la déclaration des droits*, il ne réussit qu'à confirmer qu'aucune vérité ne l'arrête, et qu'il n'hésite pas même à nier l'évidence, lorsque l'intérêt de sa cause le demande. Il dit que l'article II du projet

Les domaniers soumis de nouveau par la loi
du 9 brumaire, à la *servitude* du congément

---

de décret présenté à l'Assemblée constituante portoit,
1°. que *les domaniers qui exploitent eux-mêmes leurs
tenues pourroient exiger leur remboursement* à l'expi-
ration de leurs baux, pourvu qu'il restât encore deux
années de jouissance, à compter de la S. Michel 1791;
2°. que *les domaniers qui faisoient exploiter leurs tenues par des fermiers, pourroient aussi exiger leur remboursement à l'échéance du bail, à quelque époque
qu'elle arrivât.* Il convient que, *lors de la discussion,
il fut décidé que cette seconde partie de l'article seroit
retranchée*, et que *le reste* (la première disposition seulement) *fut adopté.* Au lieu de conclure de-là que la
loi du 7 juin 1791 n'a entendu donner, comme en effet
elle ne donne textuellement qu'*aux domaniers qui exploitent eux-mêmes leurs tenues* la faculté de provoquer
leur congément, et qu'elle l'a réellement refusé à ceux
qui afferment leurs tenues, il soutient au contraire,
contre l'esprit et le texte de la loi, qu'elle accorde cette
faculté aux uns et aux autres. Cela devoit être en effet; et
comme il est évident que cela n'est pas, il est également
évident que la loi du 7 juin 1791 a violé l'égalité des
droits, 1°. à l'égard des domaniers qui font exploiter
leurs tenues par des fermiers, puisqu'ayant les mêmes
titres que les domaniers qui exploitent leurs tenues
eux-mêmes, ayant contracté suivant les mêmes loix locales, ils avoient droit au même traitement; 2°. à l'égard
des seigneurs convenanciers dont les domaniers exploitent eux-mêmes leurs tenues. En effet, il ne dépend
pas des seigneurs fonciers d'obliger leurs domaniers à
affermer leurs tenues, ou de les en empêcher. Ceux
dont les domaniers exploitent leurs tenues eux-mêmes
ont les mêmes titres, les mêmes droits que ceux dont
les domaniers afferment les leurs. Il y a donc une injustice manifeste à traiter les premiers plus rigoureu-
sement que les seconds; à permettre d'obliger les premiers à congédier, et à laisser les seconds libres de le
faire ou de ne pas le faire; à exposer les premiers à une
ruine presque certaine et à en garantir les seconds. Il

et à tous les inconvéniens qu'elle entraîne, trouveront souvent de l'avantage à réaliser le prix de leurs droits convenanciers pour l'employer en acquisition de terres, dont la possession ne les exposeroit pas aux mêmes vexations.

Eh bien ! que ces domaniers appellent leurs seigneurs en jugement pour les faire condamner à les congédier, Ils feront estimer leurs droits par expert. Si les seigneurs ne peuvent réaliser, à l'instant, le montant de l'estimation, les domaniers, profitant de la faculté que leur donne le décret de 1791, feront vendre leurs droits à l'enchère. Il est bien probable que dans la circonstance, il se présentera peu d'enchérisseurs, et que le prix de la vente n'équivaudra pas au montant de l'estimation. Alors les domaniers, usant encore du droit que leur donne le décret de 1791, feront vendre à l'enchère les rentes de leurs seigneurs. Il est facile de prévoir qu'elles seront vendues à vil prix, et que le produit sera absorbé pour compléter le montant de l'estimation des droits des domaniers ; ainsi les seigneurs perdront absolument tout.

Les seigneurs convenanciers de Morlaix, dans une adresse à la Convention nationale, ont prévu ce danger qui aujourd'hui devient encore plus imminent. Ils réservent dans cette adresse « de demander, *lorsqu'il en sera tems*, la revision du décret de l'Assemblée consti-

---

faut, je l'avoue, compter beaucoup sur le relâchement du Corps législatif, ou sur la magie de l'intrigue, pour entreprendre de soutenir une pareille loi.

tuante, *notamment*, disent-ils, *en ce qu'il autorise les domaniers à profiter de l'impuissance des fonciers* (d'exercer le congément) et par ce moyen à s'emparer de leurs propriétés ».

C'est donc *pour l'intérêt de la plupart des seigneurs*, comme pour celui des domaniers, que je combats la loi du 9 brumaire, et que vous devez la rapporter, ainsi que celle du 29 floréal an 2. Tous les seigneurs fonciers qui ne se font pas illusion, tous ceux qui connoissent et qui consultent leurs véritables intérêts, ou qui ne détestent pas le régime républicain, vous béniront d'avoir mis leur fortune sous la sauve-garde de la loi du 27 août 1792, d'une loi qui leur assure le paiement annuel de leurs rentes jusqu'au rachat, et qui, en cas de rachat, leur en assure le remboursement à un taux tellement avantageux, qu'en en employant le prix en acquisitions de biens nationaux ou même patrimoniaux, ils pourroient tripler ou quadrupler leur fortune.

Mais *l'intérêt de l'état!* Les seigneurs convenanciers l'invoquent aussi. Je dois donc prouver que l'intérêt de la république vous fait également un devoir de rapporter la loi du 9 brumaire, avec celle du 29 floréal an 2, et de remettre en vigueur celle du 27 août 1792.

A peine la loi du 9 brumaire a-t-elle été rendue que les mêmes hommes qui, en la demandant, sembloient ne stipuler que *les intérêts de l'Etat*, les ont sacrifiés sans pudeur à leurs propres intérêts. Le rapport de cette loi étoit demandé, et ils se sont empressés de la faire exécuter, en faisant vendre les

rentes convenancières de la république. Ven-
dez promptement ces rentes, disoient-ils aux
administrateurs ; les besoins du trésor public
vous le commandent ! Les hypocrites ! Ils te-
noient entre eux un tout autre langage. Lorsque la république, disoient - ils, aura vendu
ses rentes de convenant, elle devra garantir
ces ventes ; il en deviendra d'autant plus difficile de faire rapporter la loi du 9 brumaire.
Nous aurons un moyen de plus pour la faire
maintenir, et pour conserver les *privilèges,
prééminences et prérogatives* qu'elle nous a
restitués.

Les administrations centrales du Morbihan
et du Finistère n'ont pas su se défendre d'un
conseil perfide. Elles ont fait vendre précipi-
tamment un grand nombre de rentes convenancières avec une perte énorme pour la république. Celle des Côtes du Nord, mieux
instruite, a refusé long-temps de se prêter à
cette dilapidation. Elle n'a pas vendu de rentes
de convenant avant le 1ᵉʳ prairial an 6. Après
cette époque seulement elle a annoncé, par
une adresse à tous ses administrés, qu'elle ne
*pouvoit plus se dispenser d'imiter les admi-
nistrations centrales du Morbihan et du Finistère,* et qu'elle alloit aussi mettre en vente
les rentes convenancières. Elle a invité les
domaniers à venir acheter celles dont leurs
propriétés étoient grévées. *Vos défenseurs
au Corps législatif,* leur disoit-elle, *ne demandent pour vous que l'incongédiabilité et
la faculté de racheter vos redevances.* Venez
donc, vous ne pouvez trouver une occasion
plus favorable pour exercer ce rachat.

[37]

Les rentes convenancières qui ont été vendues dans le Finistère et le Morbihan avant
le 1er prairial an 6 , ne l'ont été qu'au denier
6 , 5 , 4 , ou même moins , y compris même
les bois fonciers , lorsqu'ils ont été vendus
cumulativement avec les rentes.

On m'assure que les rentes qui ont été vendues depuis le 1er prairial , conjointement avec
les bois , l'ont été à un prix plus avantageux ,
du moins dans le Finistère et les Côtes du
Nord , que celles vendues avant cette époque
dans le Morbihan et le Finistère. On en a
vendu , dit on , quelques - unes , depuis le 1er
prairial , *au denier 9* , dans le Finistère , et
quelques - unes , en petit nombre , *au denier 11
et 12* , dans les Côtes du Nord.

Mais , 1°. Si ces derniers faits sont vrais ,
l'énorme lésion des ventes faites avant le 1er
prairial an 6 se trouve déjà démontrée par
les prix bien supérieurs des ventes faites depuis cette époque.

2°. J'ai dit que dans ces prix se trouvent
compris *les bois en rabines , avenues ou bosquets* , que la loi du 27 août 1792 réservoit à
la république. On y a même compris le droit
de disposer des *bois fonciers existans sur les
fossés et dans l'intérieur des clôtures* , que
cette loi accordoit aux domaniers , et dont plu-
seurs de ces colons n'ont pas disposé avant la
loi du 9 brumaire an 6 , soit parce qu'ils ont
cru devoir attendre qu'ils eussent atteint la
maturité convenable à leur exploitation , soit
parce que comptant sur la justice de la loi du
27 août 1792 , ils n'ont pas pu prévoir qu'on
réussiroit à la faire abroger. Il est indubitable

que, si quelques rentes ont été vendues au denier 9, 11 ou 12, il faut que les adjudicataires aient été certains de trouver sur les tenues des bois d'une très-grande valeur, peut-être d'une valeur équivalente ou supérieure au prix qu'ils ont payé pour ces bois et les rentes ensemble.

3°. Le message du 5 pluviose dernier dit que *les ventes faites depuis la loi du 9 brumaire* jusqu'à ce jour, *sont au nombre de 3707*, et que le produit total de ces ventes, *valeur en numéraire, au cours actuel, est de 9,490,923 francs.*

Je suis persuadé qu'il y a dans ce produit une erreur en plus de près de moitié. Il faudroit pour qu'il fût exact que chaque tenue, l'une par l'autre, eût produit plus de *2,560 francs*. Mais les contrats de vente que j'ai vus, des acquéreurs, des collègues, sur la parole desquels je ne compte pas moins que le Directoire sur *les états et les lettres des administrations*, qu'il cite à l'appui de son calcul, m'autorisent à penser que très-peu de tenues ont produit chacune *2560 francs*, et que les cinq sixièmes au moins ont produit à peine chacune la moitié ou le quart de cette somme.

J'admets cependant que les droits de la république dans les 3707 tenues, aient produit réellement les 9,490,923 francs, *valeur numéraire*. Dans cette hypothèse, il est encore évident, d'après le message même, que l'abrogation de la loi du 27 août 1792, qui, nous disoit-on en l'an 5 et en l'an 6, devoit produire à la république un bénéfice de *120 millions*, lui en a, au contraire, fait perdre plus de vingt.

En effet, s'il est vrai que dans quelques tenues les rentes et les bois ensemble, aient été
vendus au denier 9, et même au denier 12
des rentes, il est très-vrai aussi, qu'un nombre
infini de ventes n'a pas excédé le denier 6,
5 et 4; or, suivant la loi du 27 août 1792,
les rentes seules auroient dû être rachetées par
les domaniers *au denier 20 et 25, sans compter les bois réservés par cette loi aux seigneurs fonciers*, dont la république auroit tiré
encore des sommes considérables.

Dans la même hypothèse, il est encore démontré par le message même, 1°. que, si vous
voulez sincèrement utiliser ce qui reste à vendre des droits de la république dans les convenans, vous devez rapporter la loi du 9 brumaire an 6, et celle du 29 floréal an 2, pour
remettre en vigueur celle du 27 août 1792;
2°. que le Directoire exécutif a été étrange-
ment trompé, lorsqu'on lui a fait vous dire
*qu'il faut absolument maintenir la loi du 9
brumaire, pour ne pas faire perdre à la république, une somme de 42,948,392 francs
qu'on espère*, dit-il, *retirer* des 17,549 tenues
dont les droits fonciers restent à vendre.

En effet, le Directoire calcule le produit
présumé des 17,549 tenues qui restent à vendre, d'après le produit que les administrations
lui disent avoir retiré des 3,707 tenues déja
vendues, et il est bien vrai qu'on ne peut guère
espérer que les ventes à faire soient plus avan-
tageuses que celles déja faites, si l'on considère
le juste discrédit que la nature trop bien connue
aujourd'hui des domaines congéables, répand
sur cette espèce de biens. Mais je suppose en-

core que les droits fonciers des 17,549 tenues
ne se vendent pas au dessous du denier 9 des
rentes, quoique ce soit, pour ainsi dire, une
folie d'y compter; n'est-il pas toujours évident
que la république fera une perte incalculable,
si, en maintenant la loi du 9 brumaire, on continue à faire vendre les rentes et les bois fonciers au denier 9, 10 ou même 12 des rentes,
puisque la loi du 27 août 1792, si elle étoit
remise en vigueur, lui assureroit le rachat de
ses rentes seules au denier 20 et 25, sans compter
ses bois ?

On dira peut-être que les besoins du trésor
public sont pressans, et que si l'on se borne
à rétablir la loi du 27 août 1792, les domaniers
ne s'empresseront pas de racheter leurs redevances au taux fixé par cette loi, qui, dans
la circonstance, et vu la rareté du numéraire,
ne leur est pas avantageux.

Je réponds d'abord que quelque peu favorable que ce mode de rachat soit pour les domaniers, il s'en trouvera qui, par patriotisme,
s'empresseront de s'y conformer, pour venir
au secours de l'Etat, et qu'au défaut de ce
louable motif, *la crainte seule de voir revenir encore sur la loi du 27 août 1792*, suf-
firoit pour les porter à profiter sans délai de
la faculté qu'elle leur donne, pour décharger
leurs héritages, et s'affranchir eux-mêmes, pour
toujours, des vexations dont ils ont été si souvent les victimes,

Supposons que pour la plupart, que tous
même, ils diffèrent de racheter leurs redevances. Le trésor public aura encore ici une
ressource solide, prompte et équivalente, si

elle n'est pas supérieure, à celle qu'on affecte de vouloir lui procurer par la loi du 9 brumaire.

Que vous rapportiez cette loi et celle du 29 floréal an 2 ; si les domaniers ne rachètent pas aussi-tôt leurs redevances, ils seront du moins obligés de les payer annuellement jusqu'au rachat. Ce sera déja une ressource considérable pour l'Etat. En supposant les 17,549 tenues qui restent à vendre, chargées seulement, l'une par l'autre, de 150 francs de rente, ce seroit pour la république un revenu annuel de près de trois millions.

Ajoutez-y la valeur de ce qui reste à vendre des bois reservés à la république, par la loi du 27 août 1792, dont on pourra disposer dès ce moment.

Ajoutez-y encore les arrérages des rentes convenancières, depuis la loi du 29 floréal an 2, qui, dans le cas où il vous paroîtroit juste de les faire payer par les domaniers, pourroient se percevoir sans vexer, sans ruiner ces colons, comme on le fait dans ce moment, pour cet objet, en les rendant victimes de leur confiance dans la loi ; qu'on ajoute, dis-je, ces arrérages qu'on pourroit faire payer de la même manière que le Directoire, dans son message du 1ᵉʳ messidor an 6, propose de faire acquitter en général *les termes échus* des rentes foncières de la république, qui ont cessé d'être payées depuis la loi du 17 juillet 1793, je veux dire *en tiers consolidé*.

Il est facile de se convaincre par le produit des rentes et des bois qui ont été vendus tant avant que depuis le premier prairial an 6, que la perception annuelle des rentes qui ne sont pas encore aliénées, l'aliénation des bois qui restent encore à vendre, et la rentrée des arrérages de rente, depuis le 29 floréal an 2, produiront au trésor public autant ou même plus, que la vente qui seroit faite de ces rentes et de ces bois ensemble, d'après le mode arbitraire que les administrations ont suivi depuis la loi du 9 brumaire.

Cependant le principal des rentes de la république demeureroit ici intact. Ce seroit un fond en réserve ; fond immense, qui se réaliseroit peu-à-peu et entreroit au trésor public par des rachats successifs au taux avantageux du denier 20 et 25.

Voilà, à mon avis, le parti le plus utile pour la république. C'est le parti qu'avoit adopté l'Assemblée législative; c'est celui auquel je conseillois de revenir le 25 pluviose an 5 ; c'est celui auquel vous devez, je pense, revenir aujourd'hui, parce que, je l'avoue, je ne vois pas la nécessité de sacrifier la plus grande partie du principal des rentes convenancières de la république, pour réaliser quelques mois ou quelques années plutôt l'autre partie de ce principal.

Cependant si, par de motifs que je ne conçois pas encore, vous croyez ce sacrifice indispensable, représentans du Peuple, que devez-vous faire ?

Ce que vous devez faire, c'est de modérer ce sacrifice autant qu'il peut l'être, en le soumettant à des mesures fixes, et non en le laisant dépendre du caprice des administrations et de l'avidité demesurée des acquéreurs.

Vous avez réglé le mode d'estimation et la mise à prix des biens nationaux ordinaires. Vous avez par une résolution particulière réglé le mode d'estimation et de mise à prix des usufruits appartenans à la république. Vous allez, par une autre résolution, fixer le mode d'estimation et la mise à prix des biens nationaux tenus par baux à vie, ou par baux amphithéotiques. Les administrations centrales et le ministre des finances, n'ont pas cru pouvoir mettre en vente cette dernière espèce de biens, non plus que les simples usufruits, sans que le Corps législatif en eût déterminé, d'une manière précise, le mode d'estimation et de vente. On n'a pas cru pouvoir leur appliquer le mode d'estimation et de vente des biens nationaux ordinaires; et le Directoire vous a invités, par deux messages, à les soumettre à des règles particulières.

Comment donc a-t-on pu se permettre de vendre les rentes, les bois, tous les droits de la république dans les domaines congéables, sans que le Corps législatif en eût réglé aussi le mode d'estimation et de vente?

Dans l'ancien régime les seigneurs convenanciers définissoient le domaine congéable, tantôt simplement *une espece de fief roturier*, tantôt *un fief anomal*. Aujourd'hui, à la vérité, ils renoncent à ces définitions. Dans le dernier écrit qu'ils ont distribué au Conseil, sous le titre de *Notions sur les domaines congéables*, ils disent tantôt que c'est simplement *une ferme* qu'ils appellent *la ferme convenancière*; tantôt, que c'est *un composé de location et de vente*; tantôt que c'est *un composé de loca-*

tion et de dépôt ou de *location et d'engagement,* ou de *location et de contrat pignoratif*; tantôt que c'est *un bail à plusieurs vies* ou *sur plusieurs têtes.*

Quelle que soit celle de ces définitions à laquelle ils voudront enfin se fixer; soit qu'en les rejettant toutes, on dise comme le message du Directoire, du 5 pluviose dernier, *que les baux à convenant, contiennent l'aliénation des édifices et superfices avec faculté de réméré et un contrat de location du fond, et qu'avant la loi du 7 juin 1791 ces baux étoient infestés de féodalité*; soit que sans recourir à ces amalgames ridicules et en s'attachant à la jurisprudence et aux titres, on dise, avec la Commission des domaines congéables, que les contrats de convenant sont *des baux à rente foncière perpétuelle, qui participent de la nature des fiefs roturiers ou du bail à cens seigneurial*; en un mot, de quelque manière qu'on définisse les domaines congéables, il est certain que de toutes les loix existantes sur la vente des biens nationaux, il n'en est pas une seule qui puisse être appliquée à la vente des droits de la république dans les tenues convenancières.

Dans l'ancien régime le mode d'estimation des droits des seigneurs convenanciers dans les domaines congéables étoit déterminé par des réglemens spéciaux, inapplicables à toute autre sorte de bien; et si l'on veut une nouvelle preuve qu'on ne peut appliquer à la vente de cette espèce particulière de biens aucunes des lois existantes, on la trouve dans la conduite même des administrations centrales, de

ces mêmes *autorités locales*, d'après l'avis des-
quelles le Directoire dit que son message du
5 pluviôse a été rédigé.

L'administration centrale du Morbihan n'a
vendu que les rentes , et a conservé les bois.

Celle du Finistère a vendu ensemble les
rentes et les bois, sans les faire priser , du moins
jusqu'au premier prairial an 6. Les affiches
de ces ventes doivent se trouver dans les bu-
reaux du ministre des finances. On peut voir
s'il y est fait mention de prisage.

L'administration centrale des Côtes du Nord
n'a voulu vendre ni les rentes ni les bois jusqu'au premier prairial; et si elle en a vendu
depuis, ce n'a été qu'après avoir reconnu dans
une adresse qu'elle s'y prêtoit, pour ainsi dire,
malgré elle et avec scrupule, et que ces ventes
alloient se faire à vil prix.

Si le ministre des finances n'a pas vu cette
adresse, il peut se la procurer. Cette pièce et
les affiches de ventes méritoient d'entrer dans
les renseignemens demandés au Directoire
exécutif; mais ce sont les seigneurs convenanciers qui lui ont fait demander ces renseignemens, et ce sont eux qui les lui ont four-
nis.

Il n'y a donc réellement aucun régulateur,
aucune loi précise pour la vente des droits de
la république dans les domaines congéables.
La marche incertaine et peu concordante des
administrations le démontre. Tout ce qui a été
vendu de ces droits l'a été illégalement et ar-
bitrairement , *pour le bon plaisir des par-*
tisans de la loi du 9 brumaire. Il en est ré-
sulté tout naturellement la plus énorme dila-

pidation d'une des plus précieuses ressources de la république et de ses créanciers. Les rentes convenancières ont toutes une hypothèque certaine sur les droits des domaniers. Elles ont toutes la même valeur proportionnelle, et cependant, dans le Morbihan, les seules rentes convenancières de la république ont été vendues au denier 6, 5, 4. On m'assure même que quelques unes y ont été vendues au dessous du denier 4. Dans le Finistère les rentes et les bois ensemble ont été vendus aussi au denier 4, 5, 6, des rentes. Depuis le premier prairial an 6 seulement, quelques rentes ont été vendus, conjointement avec les bois, à des taux plus relevés, mais également disproportionnés. Cette énorme disproportion de prix dans les ventes de rentes, qui toutes ont une même valeur proportionnelle, démontre l'abus, la lésion, la dilapidation, je devrois dire peut-être la forfaiture de ceux qui se sont permis de faire de pareilles ventes ou de les autoriser, avant que le Corps législatif en eût déterminé le mode.

Représentans du Peuple, une conduite dont il seroit peut-être de votre devoir de provoquer la punition, vous ne devez pas du moins l'approuver, en l'autorisant pour l'avenir. S'il étoit possible qu'une illusion funeste vous portât à confirmer la fatale loi du 9 brumaire an 6, et à permettre qu'on continue de vendre les rentes convenancières et les autres droits de la république dans les tenues à domaine congéable, vous en soumettriez désormais la vente, l'estimation, la mise à prix à un mode uniforme et convenable à leur nature.

La loi du 9 brumaire, dans le sens que les adversaires des domaniers l'entendent, donne à la république et aux particuliers bailleurs à domaine congéable tous les bois propres à œuvre, même ceux *existans sur les fossés et dans l'intérieur des clôtures*. Elle leur donne cette propriété foncière qui, suivant les auteurs et les titres, n'est que la *propriété directe*, et qu'on voudroit aujourd'hui faire regarder comme *la pleine et entière propriété du fond*. Elle leur rend le *retrait légal et féodal* appellé *congément*, ce retrait que la coutume de Bretagne, les auteurs, les seigneurs eux-mêmes ont défini *un privilège, une prééminence, une prérogative de leur seigneurie foncière*, ce retrait que Henri II et ses successeurs ont défini une *servitude*; elle leur rend, avec ce droit de congément, celui d'extorquer périodiquement à leurs colons des *taxes arbitraires*, sous le nom de *commissions ou nouveautés*, en les forçant à racheter sans cesse la liberté de jouir *de leurs propres biens*; ou de céder leur droit de congément à un tiers, et par un *stellionat* perpétuel, de vendre mille et mille fois le même bien à différentes personnes.

Dans l'ancien régime, ces bois, cette propropriété foncière, ce droit de congément qui est un *privilège* pour les seigneurs et une *servitude* pour les vassaux, ce retrait légal et seigneurial, ce droit de pratiquer impunément l'usure et le stellionat, étoient estimés conjointement avec les rentes convenancières, au denier 25 de ces rentes. Mais aujourd'hui ce mode d'estimation n'est pas en proportion avec la valeur vénale des biens fonds ni avec

nos loix sur la vente des autres biens nationaux. Nous n'avons, je le répète, aucune loi
qui règle le mode d'estimation et de vente de
pareils objets, et si vous permettiez d'en continuer la vente, une nouvelle loi seroit indispensable.

Mais, Citoyens représentans, le respect des
bonnes mœurs vous permet-il de souffrir qu'on
vende au nom de la république un prétendu
droit infecté de *stellionat et d'usure* (1)? Vous

---

(1) C'est l'exercice d'un pareil droit que j'ai *qualifié*
dans mon opinion du 16 fructidor an 6, lorsqu'après
avoir observé qu'il étoit infecté *de stellionat et d'usure*,
j'ai dit: «Pour l'honneur des bonnes mœurs, je de-
»mande qu'on mette enfin un terme à cet exécrable
»brigandage, digne du tems de l'anarchie féodale où
»il a pris naissance». Mon collègue Lucas Bourgerel
a terminé son discours en jouant avec grace sur ce
mot *brigandage*, qu'il m'a retorqué avec beaucoup de
finesse. Il falloit répondre à mon raisonnement, et me
prouver que ce droit de congément, dont le vassal ne
pouvoit jamais provoquer l'exercice, et que le seigneur
pouvoit exercer quand il lui plaisoit, ou faire exercer
par un tiers, à qui il le cédoit à prix d'argent, à moins
que le vassal n'achetât de tems en tems, à un prix arbitraire, une assurance limitée contre son exercice et
la liberté de jouir en paix *de son propre bien*; il falloit, dis-je, prouver qu'un pareil droit est plus moral
que les droits de retrait féodal ou censuel et de lods et
ventes, que le feudiste Michallet a taxés, avec raison,
d'usure et de stellionat, ce qui est bien, je crois, une
sorte de *brigandage*. Eh! mon cher collègue, votre
savant et vertueux père, membre de l'Assemblée constituante, disoit aux domaniers que leurs *réclamations
contre le régime du domaine congéable étoient justes*,
que c'étoit *une féodalité très-aggravante*. Oserez-vous
dire que ce respectable vieillard et tous ses collègues
de Bretagne, qui firent en 1789 la même déclaration,
étoient des *brigands* ? Cependant d'après leur témoi-

permet-il, la déclaration des droits vous permet-elle de laisser vendre au nom de la république, un droit de *retrait légal et seigneurial*, qui est une *servitude* pour les domaniers et un *privilège* pour les seigneurs, tandis que *les retraits légaux et seigneuriax, les privilèges féodaux, les servitudes féodales*, ont été abolis pour tous les autres Français.

Non, non, mes collègues, de pareils droits ou plutôt de tels abus, n'obtiendront ici que des anathêmes; non jamais vous ne souffrirez qu'on en fasse un trafic révoltant, au nom du Peuple Français, et loin que vous puissiez vous permettre de faire une loi qui détermine la manière de les estimer et de les mettre en vente, vous vous empresserez de rapporter cette loi du 9 brumaire, qui les a fait revivre, au grand scandale de tous les hommes libres, et de remettre en vigueur la loi du 27 août 1792, qui les avoit ensevelis sous les ruines du trône.

Cette loi du 27 août 1792, ne permet de reconnoître à la république et aux bailleurs particuliers, et vous ne pouvez vous-mêmes leur reconnoître dans les tenues convenancières que *les rentes et les bois* qu'elle leur a réservés. Que la république fasse vendre les bois qui lui appartiennent sur les tenues à convenant, si les domaniers ne font pas leur soumission de les racheter dans le délai fixé par

---

gnage et d'après la loi du 17 juillet 1793, dont vous n'avez pas encore demandé le rapport, j'aurois pu demander pour les domaniers quelque chose de plus que la suppression du droit de congément et la faculté de racheter leurs redevances.

la loi du 27 août 1792; rien de mieux. Cette même loi permet alors de mettre ces bois en vente. Mais à l'égard des rentes convenancières, vous ne pouvez, dans l'état actuel de notre législation, souffrir qu'on les vende, sans fouler aux pieds la déclaration des droits, qui veut que *la loi soit la même pour tous.*

La loi du 9 brumaire an 6, a pu violer les principes élémentaires de la législation et de la politique d'un peuple libre; mais elle n'a pas pu changer l'essence des choses.

Les domaniers, disent les auteurs qui ont le mieux traité cette matière, sont *dans la classe des preneurs à rente et des acquéreurs.* La coutume et la jurisprudence de la ci-devant Bretagne les ont toujours traités comme tels. Toutes les charges foncières pèsent sur eux *de droit.* La loi du 9 brumaire, *qui laisse même subsister leurs charges foncières,* ne peut pas faire qu'ils ne soient que des *fermiers.*

La coutume et la jurisprudence de la ci-devant Bretagne, les auteurs, les titres démontrent que les redevances des domaniers, sont de véritables *rentes foncières.* Dans les baux et baillées consentis par les seigneurs, dans les aveux et déclarations qu'ils ont reçus, ces rentes sont qualifiées indifféremment, *foncières et convenancières, foncières et perpétuelles, foncières et domaniales, foncières et féodales, foncières et seigneuriales.* La loi du 9 brumaire ne peut pas faire qu'elles ne soient que de simples fermages.

Demandez aux seigneurs convenanciers, comment cette loi a pu les traiter avec tant de faveur, et d'après quels principes elle a statué sur le domaine congéable; ils seront embarrassés eux-mêmes de vous le dire.

Dans les *Notions* qu'ils ont distribuées dernièrement au Conseil, ils définissent la tenure convenancière de six manières contradictoires: une espèce particulière de ferme (*la ferme convenancière*), *un composé de location et de vente,* ou *de location et de dépôt,* ou *de location et d'engagement,* ou *de location et de contrat pignoratif,* ou enfin *un bail à plusieurs vies ou sur plusieurs têtes,* et, dans tous les cas, *sans aucun mélange de féodalité.*

Mais dans les *renseignemens* qu'ils ont donnés au Directoire exécutif, et que le message du 5 pluviose dernier vous a transmis, ils disent au contraire que les baux à convenant *contiennent la vente à terme de réméré des édifices et superfices et la simple location du fond,* et que *ces contrats* généralement *étoient sans doute infestés de féodalité.*

Mais, citoyens représentans, les seigneurs convenanciers disoient aussi, par l'organe de le Mérer (et c'est peut-être la seule vérité qu'ils aient dite dans cette affaire), que *le fond et la superficie étoient inséparables,* qu'ils *ne faisoient qu'un tout indivisible.* Le contrat du domanier est un. Il ne peut être dissous dans une partie et maintenu dans l'autre. Le bailleur ne peut retirer le fond, sans retirer les superfices; ni retirer les superfices, sans retirer le fond. Il implique donc dans les termes que les édifices et superfices soient *vendus,* même *à perpétuité,* disent les usemens et les titres, et que le fond ne le soit pas.

Ainsi la définition que les seigneurs ont fait adopter au Directoire exécutif est d'une absurdité choquante.

Il y a plus. Les seigneurs disoient au Corps législatif en l'an 5 et en l'an 6, et ils font répéter par le Directoire dans son message du 5 pluviose dernier, que les baux à domaine congéable en général étoient *sans doute infestés de féodalité avant la loi du 7 juin 1791*, mais qu'ils ne le sont plus, depuis cette loi, *parce qu'elle les a purgés de ce vice.*

J'avoue que je ne conçois pas comment les baux à domaine congéable pourroient être *sans doute des contrats féodaux*, et n'être aussi *sans doute* que *de simples baux à ferme*, ou *de simples contrats de vente à terme de réméré.*

J'ajoute qu'en fait il est faux que la loi de 1791 ait purgé les domaines congéables du vice de féodalité, puisqu'elle maintient *les anciens usemens* établis par la puissance féodale; puisqu'elle conserve la plus oppressive des *corvées légales et féodales* qui pesoient sur les domaniers, celle *du charroi des grains de leurs seigneurs*, et qu'elle déclare la conserver *d'après les seuls usemens*; puisqu'elle aggrave cette corvée légale, en condamnant les domaniers à la faire désormais *à leurs frais*, au lieu qu'auparavant ils ne devoient la faire qu'*aux frais de leurs seigneurs*, comme toutes les autres corvées féodales; puisqu'enfin elle conserve le droit de congément, qui est le plus immoral et le plus vexatoire de tous les droits féodaux.

Mais sans insister sur ces observations, que j'ai développées dans mon discours du 16 fruetidor dernier, je soutiens, en droit, que les seigneurs font faire ici au Directoire exécutif l'apologie d'une violation manifeste de la déclaration des droits.

La féodalité du domaine congéable étant reconnue et par les seigneurs convenanciers et par le Directoire exécutif, il est certain qu'on n'a pas pu se borner à *déféodaliser*, pour ainsi dire, encore moins à *feindre de déféodaliser* les contrats des domaniers. L'Assemblée constituante et les Législatures qui l'ont suivie, ne s'en sont pas tenues là à l'égard des autres tenanciers, des autres *preneurs à rente foncière*, dont les contrats étoient *infectés de féodalité*. L'Assemblée constituante et l'Assemblée législative leur ont permis *de racheter leurs redevances*, et la Convention nationale les en a même déchargés, en les *supprimant sans indemnité* par son décret du 17 juillet 1793. Si vous ne devez pas rendre aux domaniers cette rigoureuse justice *qu'ils ne demandent pas*, si vous ne maintenez pas la loi du 29 floréal an 2, qui applique à leurs redevances celle du 17 juillet 1793, du moins, vous ne pouvez leur refuser ce que les deux premières Législatures ont accordé *à tous les preneurs à rente foncière*, particulièrement à ceux dont les contrats avoient *des taches de féodalité*; vous ne pouvez leur refuser *la faculté de racheter leurs redevances*, que la loi du 27 août 1792 leur a accordée. Cette loi a respecté la déclaration des droits; celle de 1791 et celle du 9 brumaire an 6 l'ont violée.

En un mot, les redevances des domaniers sont des redevances foncières - perpétuelles,

créées par des *contrats infectés de féodalité.*
Dès-lors il est impossible que vous ne les dé-
clariez pas au moins rachetables, ou vous vio-
lez la déclaration des droits qui veut que *la
loi* soit *la même pour tous.*

Pouvez-vous permettre qu'on continue de
vendre celles de ces rentes et redevances qui
appartiennent à la république?

Je dis que vous ne le pouvez pas sans violer encore la déclaration des droits, puisque,
d'après notre législation générale, les rentes,
tant simplement foncières que foncières ci-devant féodales et censives qui appartiennent à
la république, ne peuvent pas être vendues,
mais seulement rachetées par les possesseurs
des héritages qui en sont grévés.

Comment, en effet, avec quelqu'idée d'économie, peut-on vouloir faire vendre de pareilles rentes? elles ne peuvent plus être perpétuelles, elles doivent être rachetables à la
volonté du débiteur. Dans cet état, et sur-tout
dans les circonstances où nous sommes, il est
impossible qu'elles soient vendues avec avantage. Le seul moyen d'en tirer quelque parti,
si l'on veut absolument en réaliser promptement le principal, c'est de faciliter à ceux qui
les doivent les moyens de les racheter (1).

C'est ce que vos Commissions des finances

---

(1) «Faites revivre ces rentes foncières de leur na-
» ture, qu'un zèle exagéré détruisit, au grand détriment
» de la fortune publique. *Faites des remises sur le capi-
» tal de ces rentes, en raison de la promptitude de leur
» remboursement*». Discours du 28 pluviose an 5, par
Giraud (de Nantes), membre du Conseil des Anciens.

ont déjà très-bien senti : elles ont proposé sans cesse de permettre à tous ceux qui devoient des rentes foncières à la république, *sous quelques dénominations qu'elles fussent connues* (1), d'en faire le rachat. Elles vous ont proposé de faciliter, d'encourager ce rachat, en permettant d'y employer *les inscriptions sur le grand livre de la dette publique*, pourvu qu'on le fît dans un délai donné, après lequel il ne pourroit être fait qu'*en deniers comptans* (2).

Le Directoire, dans son message sur les dépenses de l'an 7, et le ministre des finances dans le rapport qui a préparé ce message, proposent à-peu-près les mêmes mesures. « Les »rentes, dit le ministre, se composent *de ter-* »*mes échus et de termes courans.* Il seroit peut- »être *trop rigoureux d'exiger du numéraire* »*pour le passé* ; on pourroit se borner à *de-* »*mander pour cela des rentes en tiers conso-* »*lidé.* On pourroit encore *faire concourir ces* »*mêmes valeurs dans le rachat* du principal, »et je ne trouve aucun inconvénient *à porter* »*ce concours à la proportion de la moitié du* »*prix* ».

Voilà, Citoyens représentans, dans la plus grande rigueur, ce que vous devez faire à l'égard des domaniers *preneurs à rente foncière,* puisqu'on vous le propose en général envers tous ceux qui doivent des rentes foncières à la république.

---

(1) Rapport de Fabre (de l'Aude) du 14 germinal an 5.

(1) Rapport d'Auzun du 4 thermidor an 5.

Permettez donc aux domaniers de la république de lui rembourser *en tiers consolidé les arrérages de rentes* qu'ils lui doivent depuis la loi du 29 floreal an 2, si toutes fois en rapportant cette loi, qui supprime les rentes sans indemnité, vous estimez que les termes échus doivent être payés. Parlà vous mettrez un terme aux contraintes que l'on exerce contre eux, dans ce moment même, pour le paiement intégral de ces *termes échus en numéraire*.

Oui, citoyens représentans, dans ce moment même, par une nouvelle violation de la déclaration des droits et au grand détriment de l'agriculture, on ruine ces malheureux colons, soit qu'ils aient cru de bonne-foi pouvoir se reposer sur la loi du 29 floréal an 2 (1), soit qu'ils aient craint de se compromettre, en payant des rentes que cette loi supprimoit sans indemnité ; soit que les receveurs du domaine par le même motif de crainte, *aient refusé*, comme on me l'a assuré, *de recevoir les termes qu'ils venoient leur offrir.* Si la loi du 29 floréal n'eut pas existé ils auroient payé annuellement leurs prestations avec le papier monnoie qu'ils recevoient pour leurs denrées, et aujourd'hui, *comme pour les punir du fait de cette loi*, on veut qu'ils paient tous les termes échus en numéraire effectif,

Cependant la loi du 9 brumaire an 6, ne décide pas comment ces termes échus seront

---

(1) La malveillance répand que c'est moi qui ai fait rendre cette loi. J'étois à cette époque prisonnier *à la Force.*

payés, ni même qu'ils le seront. Cependant les domaniers ont eu autant de raison de se confier en la loi du 29 floréal an 2, que tous les autres preneurs à rentes foncières ci-devant féodales, ou *accompagnées d'accessoires féodaux*, de se reposer sur la loi du 17 juillet 1793. Cependant, quand vos Commissions des finances vous ont proposé de faciliter le rachat des rentes foncières en général, elles vous ont proposé toujours, d'en abandonner les termes échus (1). *Dans la plus grande rigueur*, le ministre des finances et le Directoire ne proposent de les faire payer qu'*en rentes en tiers consolidé*. Le parti que vous prendrez est encore incertain; et *par provision*, on vexe et ruine les domaniers (1).

Faites donc voir enfin que la déclaration des droits n'est pas nulle pour ces tenanciers. Si vous voulez réaliser promptement le principal des rentes convenancières de la république, permettez aux domaniers qui les doivent de les racheter à un taux modéré et proportionné à la rareté du numéraire et à la valeur vénale des biens, pourvu qu'ils effectuent ce rachat

---

(1) Voyez entre autres le rapport d'Auzun, du 4 thermidor an 5, et le projet de résolution à la suite de ce rapport.

(2) Receveurs du domaine, administrations, tribunaux, ministre des finances, etc. tous ont été sollicités, pressés de poursuivre ensemble et à outrance ces malheureux colons, aussi-tôt après la loi du 9 brumaire an 6. Les partisans de cette loi vouloient, ce semble, s'en faire un instrument pour les porter au désespoir, tandis que d'un autre côté les chouans et les émigrés recommençoient à désoler leurs campagnes.

dans un délai déterminé. Permettez-leur de faire concourir à ce rachat *les rentes en tiers consolidé à la proportion de la moitié* ou autre quotité du prix. *Ainsi*, pour me servir des expressions du ministre des finances, *vous obtiendrez l'extinction d'une partie de la dette publique et une rentrée en numéraire effectif.* Ainsi le sacrifice que vous ferez sur le principal des rentes convenancières de la république, tournera du moins incontestablement au profit de la liberté et de l'agriculture.

Si dans les ventes faites jusqu'ici, chaque domanier avoit pu acquérir les rentes et les autres droits de la république sur sa tenue, je ne verrois dans ces ventes qu'un seul inconvénient, la vilité de prix, la lésion que souffre la république. Au reste, chaque domanier auroit dégrevé sa tenue, éteint un domaine congéable, anéanti, à son égard, la *servitude* convenancière, et assuré pour toujours son indépendance et sa liberté. Mais il est si facile dans ces ventes à l'enchère, d'écarter ces laboureurs ignares. Un grand nombre de spéculateurs avides, d'agioteurs sont devenus adjudicataires des droits de la république dans les convenans. Ils les ont obtenus, presque toujours, à très-vil prix. Le domaine congéable se *consolide dans leurs mains*, avec tous ses abus. Une servitude fatale à l'agriculture, une espèce de tenure incompatible avec la liberté se perpétue, et semble tirer une nouvelle force d'un contrat dont la république fait, à bien dire, tous les frais.

Ces inconvéniens se renouvelleront fréquemment, si l'on continue de vendre les rentes et

les autres droits de la république dans les tenues convenancières. Le seul moyen de les
prévenir, c'est, je le répete d'en revenir à
ce principe: Que *la loi doit étre la même pour
tous* ; c'est de décider que les rentes convenancières, comme toutes les autres rentes foncières de la république ne pourront plus être
vendues, mais seulement rachetées.

Que font les bailleurs à convenant qui veulent aujourd'hui réaliser le prix de leurs droits
fonciers ? Ils ne cherchent pas à les vendre à
l'enchère ni autrement. Ils savent bien que
personne ne voudroit, ne pourroit acheter
leurs rentes à un aussi haut prix que les domaniers, qui en sont grevés, et qui ont le plus
grand intérêt de s'en décharger. Ils engagent
ces domaniers à les racheter. Ils leur en fa-
cilitent les moyens. Combien de seigneurs fonciers ont, dans ces derniers temps, transigé
avec leurs domaniers sur le rachat de leurs
droits fonciers, à un prix bien inférieur à celui
fixé par le loi du 27 août 1792 !

Mes collègues, profitez de cet exemple, et
en rapportant la loi du 9 brumaire, en rapportant celle du 29 floréal an 2, en encourageant,
en facilitant le rachat des rentes convenancières; conciliez l'intérêt du trésor public avec
celui de l'agriculture et de la liberté ; saisissez
cette occasion pour répondre au vœu général
de la ci-devant Bretagne, exprimé dans *les
cahiers de charge*, en 1789; au vœu de la
première assemblée électorale du Morbihan,
et de la première administration centrale de
ce département, dans leurs adresses à l'Assemblée constituante. Ce vœu n'est pas moins res-

pectable, et il est peut-être moins suspect que celui des *autorités locales* dont parle le message du 5 pluviôse dernier. N'oubliez pas surtout ce que l'Assemblée électorale et l'administration centrale du Morbihan, *composée*, en grande partie, *de seigneurs convenanciers*, disoient à l'assemblée constituante dans deux adresses rédigées par ces seigneurs; que pour *mettre les domaniers à lieu de jouir des droits de l'homme et du citoyen*, il étoit indispensable de les autoriser *à racheter leurs redevances* et de *supprimer la faculté de les congédier; que* sans cela ils ne jouroient jamais *de la liberté de voter dans les assemblées publiques*, et d'y suivre l'*impulsion de leur conscience* (1).

En effet, représentans du Peuple, il s'en faut bien que sous le régime convenancier, rétabli par la loi du 9 brumaire, les domaniers puissent jouir de la même liberté, de la même indépendance, que les simples fermiers avec lesquels on voudroit aujourd'hui les confondre.

Les fermiers sont indépendans de leurs bailleurs. Sans attache à la terre qu'ils exploitent, et où ils n'ont que leur mobilier, qu'ils peuvent emporter à la fin du bail, ils voient sans crainte arriver ce terme. Ils savent le

---

(1) Mon collègue Lucas Bourgerel veut-il faire le procès à tous ces électeurs, à tous ces administrateurs, à tous ces seigneurs fonciers de son département? Ils soutenoient en 1790 ce que j'ai soutenu après eux en 1792, ce que je soutiens aujourd'hui. Sont-ils des brigands? et ces seigneurs fonciers ont-ils voulu se faire voler eux-mêmes?

prévenir; et si leur bailleur ne leur consent pas un nouveau bail à des conditions raisonnables, ils se précautionnent et s'assurent à l'avance d'une nouvelle ferme. En payant leur ancien bailleur, ils le quittent, et portent ailleurs leurs facultés et leur industrie, sans qu'il puisse saisir, arrêter leur mobilier, les forcer d'*en accepter le prix à dire d'experts*, et mettre toute leur fortune à la merci de deux ou trois priseurs.

Mais les domaniers sont vraiment propriétaires de biens immeubles et prédiaux. Ils sont propriétaires de *biens fonds*. Lorsqu'ils les ont achetés, ils ont payé les *lods et ventes*, et tous les droits dus par les acquéreurs de biens immeubles, réels et fonciers. Ils paient encore, comme ils l'ont toujours fait, dans *l'impôt foncier*, le prix de la protection et de la garantie que la déclaration des droits et la constitution promettent à leurs *propriétés foncières*. Ils ont tout le *domaine utile du fond*, aussi-bien que des *édifices et superfices* de leurs tenues, et en vertu du même contrat. Leurs bailleurs n'ont que le domaine direct. Ces vérités ont été si souvent reconnues, même par les seigneurs convenanciers, qu'il est impossible que de bonne foi ils les révoquent en doute.

Or ces propriétés foncières, ce domaine utile du fond comme des superfices de leurs tenues, les domaniers congédiés ne peuvent pas les emporter. Il faut qu'ils laissent tous leurs droits, tous leurs biens à leurs seigneurs ou à leurs subrogés, et qu'ils se contentent d'en recevoir le prix *à dire d'experts*. Ces experts, soit par corruption ou par ignorance, peuvent les ruiner par des prisages lésionnaires. Pour ne pas courir ce risque, ils n'ont que la ressource de se rançonner à discrétion, d'assouvir la cupidité de leurs seigneurs, *de se ruiner*, enfin, *pour racheter le droit de jouir de leurs propres biens.*

Jugez si, placés sans cesse entre la crainte de leur ruine, et la nécéssité de contenter leurs seigneurs, soit en leur payant des sommes arbitraires, soit en faisant toutes les corvées, tous les services qu'ils exigeront, nonobstant toutes les lois prohibitives (1); soit en trahissant leur conscience, pour suivre l'impulsion d'une volonté impérieuse, appuyée de la menace du congément; jugez, dis-je, si ces domaniers pourront se dire libres; jugez ce qu'il en peut résulter, dans trois départemens, où près de 600 mille domaniers, ayant droit de voter dans les assemblées primaires et électorales, de remplir les fonctions de jurés et d'administrateurs, en un mot de parvenir à toutes les places, seroient peut-être *pour les cinq sixièmes, à la merci des ci-devant nobles, des parens ou anciens agens d'émigrés*, si la loi du 9 brumaire étoit définitivement confirmée.

Voilà le véritable *point de vue politique* de cette affaire.

C'est sous ce *point de vue politique* qu'elle fut présentée à l'Assemblée constituante dans

---

(1) «Dominé par la crainte du congément, le colon »(domanier) est exposé à faire toutes le· corvées per»sonnelles abolies par vos décrets». Adresse de l'admiinstration centrale et du procureur-général-syndic du Morbihan à l'Assemblée constituante.

les *cahiers de charges ;* qu'elle lui fut présentée dans l'*adresse de l'assemblée électorale du Morbihan,* dans celle *de l'administration centrale de ce département.*

C'est sous *ce point de vue politique* qu'elle
fut considérée par les députés de la ci-devant
Bretagne, membres de l'Assemblée constituante, lorsqu'en 1789, dans une *adresse à
leurs concitoyens,* ils déclarèrent que *de toute
part il s'élevoit de justes réclamations contre
le régime du domaine congéable,* et promi-
rent que *dès que l'ordre du travail le permet-
troit, ils ne manqueroient pas d'attaquer cette
espèce de féodalité très-aggravante.*

Ce *point de vue politique* fut bien saisi par
l'Assemblée législative. L'intrigue sut le déro-
ber à l'Assemblée constituante sur la fin de sa
session, et il vient d'échapper de la même manière au Directoire exécutif.

Le croira-t-on ! c'est d'après *les réflexions* de
quelques *autorités locales,* composées en partie de ces mêmes membres de l'Assemblée constituante, qui, en 1789, prenoient spontanément,
dans leur conscience, l'engagement de délivrer
leurs concitoyens des campagnes de la *féodalité très-aggravante du domaine congéable ;*
c'est d'après les *réflexions de ces autorités
locales* que le Directoire exécutif, dans son
message du 5 pluviose dernier, vient vous dire
que *la politique* demande le maintien de la loi
du 9 brumaire an 6 ; qu'il vient vous dire que
par politique vous devez rétablir le domaine
congéable, avec les *modifications dérisoires*
de la loi du 7 juin 1791 ; qu'il vient vous dire
que *la politique* exige qu'au nom d'un peuple

libre, au nom de la république, vous sanc-
tionniez des *usemens* établis, disent les histo-
riens Brétons, *par le pouvoir suprême des
grands seigneurs*, et que vous fassiez revivre
une *servitude* que plusieurs rois ont cru devoir abolir (1).

---

(1) Le hazard m'ayant placé auprès de mon collègue
Creuzé-Latouche, dans la séance du 21 Ventose, j'ap-
pris qu'il se proposoit de parler sur les lettres-patentes
d'Henri II pour l'abolition de cette servitude. Henri II,
me dit mon collègue, étoit un *grand dissipateur*, et
l'objet de ces lettres-patentes ne fut qu'une *opération
de finances*. Je vis que mon collègue ignoroit que des
lettres-patentes d'Henri III, en 1577, et d'autres lettres-
patentes d'Henri IV, en 1604, avoient également pros-
crit la servitude convenancière. Nous parlâmes du projet de la Commission; je parlai aussi du mien. *Ce n'est
pas votre opinion*, me dit mon collègue, *mais celle de
la Commission que j'ai à combattre*. Je m'expliquai
cependant, et nous en étions au point où mon collègue
me disoit: *nos opinions commencent à se rapprocher*,
lorsque le cri: *fermez la discussion*, le fit voler à la
tribune, *pour*, disoit il, *détruire l'impression que les
lettres-patentes d'Henri II avoient paru faire sur le
Conseil*.

Mon collègue Creuzé-Latouche avoit commencé à
saisir la question, et je suis convaincu que, si la dé-
cision eût été différée de quelques jours, il se seroit
réuni à ceux qui défendoient le projet de la Commission avec l'amendement de rapporter le décret du 29
floréal an 2 et d'examiner le mode de rachat adopté
par la loi du 27 août 1792. Je le prendrois volontiers
pour seul juge dans cette affaire, si la discussion se
renouvelloit. Il reconnoîtroit dans les efforts des rois
pour l'abolition de la *servitude* de la congédiabilité,
non *une* simple *opération de finances*, mais un acte
d'humanité, de philosophie, de sage économie, digne
de Michel l'Hopital et de Sully. En réfléchissant sur
la nature du domaine congéable, et en consultant l'auteur
des *Institutions convenancières*, tome I, page 42, il

Il suffit, représentans du Peuple, de vous avoir fait entrevoir ces dernières réflexions. Vous ne serez pas dupes des vaines déclamations, ni de la *politique* rétrograde et aristocratique des seigneurs convenanciers. Il ne s'agit ici de *dépouiller* personne, mais de coordonner notre législation sur le domaine congéable avec notre constitution, avec la déclaration des droits, avec le systême général de notre législation, la forme et la nature de notre gouvernement, en rendant à chacun ce qui lui appartient.

---

verroit que cette tenure est plus avantageuse, plus productive pour le bailleur que la ferme et le féage ordinaire. Il verroit que si ces rois et les ministres qui les dirigeoient, n'eussent voulu que *de l'argent*, ce n'est pas le convertissement du domaine congéable en féage ordinaire qu'ils auroient proposé aux colons ; mais qu'ils auroient imité les seigneurs particuliers, en extorquant aux domaniers des *taxes arbitraires* par la menace du congément, ou en vendant à d'autres le droit de les congédier. Il verroit que tout ce que ces rois ont dit de la *servitude* de la congédiabilité et du préjudice qu'elle causoit à l'agriculture et à la *république*, a été répété par toute la Bretagne dans ses cahiers des charges. en 1789, par l'assemblée électorale du Morbihan et l'administration centrale de ce département, en 1790, dans leurs adresses à l'Assemblée constituante, par tous les députés de Bretagne, membres de cette Assemblée, dans une adresse à leurs commettans, etc. Il auroit vu enfin qu'inutilement il vouloit combattre le témoignage des lettres-patentes d'Henri II, lorsqu'il étoit réduit à se taire sur d'autres témoignages encore plus respectables, celui de tous les habitans des ci-devant sénéchaussées de Bretagne, celui des électeurs, des administrateurs, des représentans du Peuple, *des seigneurs convenanciers*, rédacteurs ou signataires de ces cahiers de charges et de ces adresses.

Seigneurs convenanciers , votre *propriété foncière* n'est que *la propriété directe*. Mais je vous suppose quelque chose de plus ; du moins vous n'avez aucune propriété dans les édifices et superfices. Vous convenez que vous les avez vendus, et cette vente est *perpétuelle et irrévocable , suivant les usemens et vos titres*. Il n'y a nulle analogie entre votre droit de congément, *retrait imprescriptible, retrait légal et féodal, et le reméré* ou *retrait conventionel*, qui, en Bretagne, ne pouvoit échapper à *la prescription trentenaire*. Sur ce point encore vous avez trompé le Directoire exécutif. Vous n'avez pas non plus la propriété entière et exclusive du fond. Car le domanier paie *l'impôt foncier*, et supporte, *de plein droit, toutes les charges foncières. Ses droits*, dit l'usement de Tréguier, *font partie du fond. Ils sont*, dit l'auteur des institutions convenancières, *une partie intégrante du fond*.

Il y a donc ici, d'après votre propre système, *concurrence de propriétaires fonciers*, et cette concurrence ne peut plus exister. Ils ne peut plus y avoir en France des *propriétaires dominans*, et des *propriétaires servans*. Il faut qu'une de ces classes de propriétaires puisse être remboursée par l'autre, et l'on ne peut pas balancer à décider que c'est *la classe des tenanciers, des domaniers*, qui doit être autorisée à vous rembourser, vous, *seigneurs fonciers*. Le respect des principes consacrés par toutes nos loix depuis le commencement de la révolution ; le danger d'un exemple dont *tous les bailleurs à rentes et et redevances foncières, tous les seigneurs féodaux et censiers*, qui sont aussi *seigneurs fonciers* (1), ne manqueroient pas de vouloir profiter; le salut des domaniers et celui de l'agriculture dans trois départemens, *l'intérét de la paix, de l'union, de la concorde*, dans la ci-devant Basse-Bretagne : *la nécessité publique*, enfin, vous font un devoir, à vous, *seigneurs fonciers*, qui avez reclamé contre la loi du 27 août 1792, de faire à la patrie, le sacrifice de vos *privilèges*, de votre droit de congément *usuraire* et *immoral*, de la *perpétuité de vos rentes foncières et convenancières, foncières et domaniales, foncières et féodales, foncières et seigneuriales*. Cette loi que vous appelez *agraire* et dont vous avez tant calomnié les auteurs, est le *palladium* d'un grand nombre d'entre vous : elle vous assure à tous une indemnité équivalente et même supérieure au prix que vous mettiez vous-mêmes, dans vos partages, à la totalité de vos droits dans les tenues convenancières; et, si ce n'en est pas assez, si vous démontrez que le mode de rachat qu'elle a adopté n'est pas juste, personne ici ne s'opposera à ce qu'on en adopte un plus équitable.

Les seigneurs argumenteront-ils de l'exécution précipitée qu'ils ont fait donner à la loi du 9 brumaire, lorsqu'il savoient que le rapport en étoit demandé; qu'une Commission spéciale étoit chargée de l'examiner, et que l'avis de cette Commission tendoit à la faire rapporter? Diront-ils que depuis la loi du

---

(1) Voyez mon opinion du 16 fructidor an 6, page 21 et suiv.

9 brumaire an 6, la république a beaucoup vendu de ses droits dans les tenues convenancières et qu'elle doit garantir ces ventes ?

Je ne demanderai pas si cette objection peut être faite de bonne foi. Mais a-t-on pu seulement de bonne foi vendre les droits de la république dans les convenans, depuis votre arrêté du 13 brumaire an 6, qui chargeoit une Commission spéciale de vous faire un rapport sur la loi du 9 du même mois ? Non, représentans du Peuple, non; et j'en trouve la preuve dans le message même du 5 pluviose dernier.

Je lis dans ce message qu'il y a eu (depuis le 9 brumaire an 6) 3707 *aliénations* consommées *malgré l'incertitude que la discussion a répandue sur la question*, et que désormais, *les ventes se feront avec plus d'avantage, quand les délibérations du Corps législatif, auront fixé irrévocablement l'opinion sur ce genre de propriété.* « Le Corps législatif, dit encore ce message, ne peut vouloir, dans la discussion qui l'occupe, que maintenir le droit de propriété et toute la difficulté est de savoir si ce sont *les domaniers ou les fermiers* (il falloit dire *les seigneurs fonciers ou les domaniers*) qui sont fondés à réclamer ce droit ».

On a donc vendu lorsque l'*opinion* étoit *incertaine* sur la nature des biens à vendre; lorsque les *autorités locales* ne pouvoient savoir précisément ce qu'elles pouvoient vendre, ni les adjudicataires ce qu'ils pouvoient acheter. Le Corps législatif *discutoit la question*, et tandis qu'il discutoit, *les autorités locales ont délibéré, décidé* pour lui. Elles ont vendu ce qu'il leur a plu, et comme il leur a plu. Ici elles ont vendu *seulement les rentes*; là, *les rentes et les bois*. Ici *sans prisage*; là *après prisage*. Elles ont vendu lorsqu'il étoit évident que, dans cet état d'incertitude, il étoit impossible de le faire *avec avantage*. Pour l'intérêt de quelques seigneurs convenanciers, en grande partie parens d'émigrés, qui veulent maintenir la loi du 9 brumaire, elles se sont jouées du Corps législatif dont elles ont usurpé les pouvoirs, et de la république dont elles ont sacrifié les droits. On ose vous en faire l'aveu, et les seigneurs convenanciers prétendent s'en faire un titre, parce qu'ils ont eu l'adresse de vous le faire parvenir sous la forme d'un message.

Mais, si j'ai voulu vous faire voir, en passant, combien les seigneurs convenanciers et leurs partisans sont adroits à se créer des moyens et peu scrupuleux dans le choix, si j'ai voulu vous faire voir comment ils travaillent pour *les finances*, et vous mettre à même de juger, par leurs œuvres, ce que vous devez penser du zèle avec lequel ils affectent encore aujourd'hui, comme en l'an 5, de plaider la cause du *trésor public*, ne croyez pas cependant que je veuille vous faire annuler les ventes faites, ni même élever le moindre doute sur leur validité. Vous n'annullerez pas ces ventes en rapportant la loi du 9 brumaire et celle du 29 floréal an 2, vous ne les annullerez pas en remettant en vigueur la loi du 27 août 1792. Vous les confirmerez au contraire, vous *les consoliderez, en fixant* enfin *l'opinion* des acquereurs eux-mêmes sur *le genre de propriété* dont ils sont devenus adjudicataires.

L'Assemblée constituante et la première Législature, en supprimant un grand nombre de droits féodaux, savoient que déjà plusieurs de ces droits avoient été vendus au nom de la nation seuls ou conjointement avec d'autres droits conservés. Elles ne crurent pas que la nécessité de garantir ces ventes dût les empêcher de supprimer des droits odieux et d'abroger les loix, les usages, les coutumes qui les avoient établis, autorisés ou confirmés. Elles dirent que ceux qui avoient acheté de ces droits supprimés seuls ou avec des droits conservés, *pourroient renoncer à leurs adjudications* et se faire restituer le prix qu'ils avoient payé.

L'Assemblée législative donna la même faculté à ceux qui avoient acquis de la nation des droits fonciers et convenanciers avant la loi du 27 août 1792.

La même faculté ne sera pas refusée à ceux qui, ayant acquis des rentes et des bois fonciers de la république depuis la loi du 9 brumaire an 6, auroient l'impudeur de se plaindre de l'abrogation de cette loi, dont le sort étoit *indécis* lorsqu'ils ont fait leurs acquisitions, et de demander la résiliation de leurs contrats, tous postérieurs à votre arrêté du 13 brumaire qui chargeoit une commission spéciale de vous faire un nouveau rapport sur les loix relatives au domaine congéable.

Vous serviriez la république en acquiesçant à leur demande en résiliation, et en permettant de leur rembourser ce qu'ils ont payé pour des droits qui, remis en vente, ou rachetés par les domaniers, produiroient dix fois plus au trésor public.

Mais soyez bien certains qu'ils ne feront pas cette demande. Ils ont une garantie suffisante dans le décret du 27 août 1792, qui, sans parler ici des bois dont il leur assure la propriété, veut que les rentes qu'ils ont achetées au denier 6, 5, 4, ou même à un moindre prix, leur soient payées annuellement jusqu'au rachat, et qu'en cas de rachat, elles leur soient remboursées au denier 20 et 25.

Ainsi, représentans du Peuple, rien ne vous arrête dans l'adoption des mesures que j'ai à vous proposer, pour garantir l'une des plus précieuses ressources de la république et de ses créanciers, de la ruine totale dont elle est menacée par les partisans de la loi du 9 brumaire, et pour concilier l'intérêt du *trésor public* avec celui des domaniers, avec celui des seigneurs convenanciers, enfin avec celui de la liberté, qui, *même en matière de finances*, ne doit pas être oublié (1).

---

(1) Mon collègue Villebogard prétend que dans toute cette affaire les défenseurs des domaniers n'ont eu en vue que l'intérêt des émigrés ; qu'ils ne visent qu'à conserver aux émigrés leurs rentes et leurs autres droits dans les tenues convenancières, en les transmettant aux domaniers dont l'intention est de les rendre à leurs anciens seigneurs, et qu'on est *sûr des dispositions de ces colons* à cet égard.

Mais, mon collègue, que demandent les domaniers ? que demandent leurs défenseurs ? vous ne l'avez jamais ignoré. C'est que ces colons soient affranchis de la servitude du congément, et qu'ils puissent racheter leurs redevances, suivant la loi de 1792, au denier 20 et 25, ou à un taux plus relevé, si celui-là n'est pas équitable. Or, vous trouvez bon qu'on vende à l'enchère les rentes convenancières de la république, son droit de congé-

La première de ces mesures consiste à adopter le projet de résolution qui vous est présenté par votre Commission, c'est-à-dire, à rapporter la loi du 9 brumaire an 6 ;

La seconde, à rapporter la loi du 29 floréal an 2.

L'urgence reconnue par votre Commission est reconnue aussi par les partisans de la loi du 9 brumaire, puisqu'elle l'est dans le message du Directoire exécutif du 5 pluviose dernier, page 6. C'est particulièrement dans ce message, c'est encore dans l'indécision des tribunaux sur les demandes en congément, c'est dans l'aveu des seigneurs fonciers dans leurs

---

ment, tous ses droits dans les convenans, et que les domaniers s'en rendent adjudicataires, au denier 6, 5, 4 des rentes. Je vous demande, mon collègue, si les émigrés ont plus à gagner dans le premier cas que dans le second ? Je vous demande si le plan dont vous êtes devenu si inopinément le défenseur n'est pas plus favorable à ces émigrés, puisqu'il leur permet d'acheter à très-vil prix, sous le nom de leurs parens et de leurs amis, leurs rentes, tous leurs droits, tout leur ancien empire sur leurs domaniers ?

Mon collègue, lorsque vous avez quitté votre département, vous connoissiez déjà le domaine congéable. *Votre voisinage des pays où il est usité, vous avoit mis*, avez-vous dit au Conseil, *à lieu* de le connoître. Eh bien ! en quittant votre département, et encore en arrivant à Paris, vous pensiez, comme les défenseurs des domaniers, qu'on devoit supprimer la servitude de la congédiabilité, et permettre à ces colons de racheter leurs redevances. Vouliez-vous alors favoriser les émigrés et les faire rentrer dans leurs biens ? Je ne vous blâme pas d'avoir changé d'opinion, mais ne me faites pas un crime de persister dans la mienne. Il peut y avoir autant de bonne foi dans ma persévérance que dans votre palinodie.

Notions sur le domaine congéable, page 39, portant que *les tribunaux ont pris des arrêtés* pour *suspendre le jugement de ces demandes en congément, jusqu'à ce que le Conseil ait prononcé sur l'attaque livrée à la loi du 9 brumaire*, que je puise les motifs d'urgence.

Voici comment je propose le projet de résolution, avec les amendemens analogues aux réflexions que je viens de vous soumettre.

PROJET DE RÉSOLUTION.

Le Conseil des Cinq-cents, après voir entendu le rapport d'une Commission spéciale,

Considérant qu'il est instant *de fixer le sort incertain, depuis si long-tems, des parties intéressées* dans les domaines congéables, et de faire cesser les doutes qui arrêtent le cours de la justice, déclare qu'il y a urgence et prend la résolution suivante :

ART. Ier.

La loi du 9 brumaire an 6 sur le domaine congéable est rapportée.

ART. II.

Le décret du 29 floréal an 2, concernant cette tenure, rédigé définitivement le 2 prairial suivant, est pareillement et demeure rapporté.

ART. III.

La présente résolution sera imprimée et

portée au Conseil des Anciens par un messager d'Etat.

Je demande la priorité pour le projet de résolution ainsi amendé et rédigé.

Je demande aussi, 1°. le renvoi à la Commission des domaines congéables et des finances réunies, de la question de savoir si *les termes échus* des rentes convenancières *supprimées sans indemnité par la loi du 29 floréal an 2*, seront exigés, et dans ce cas, comment ils seront payés?

2°. Je demande le renvoi aux mêmes Commissions réunies, de la question de savoir si l'on doit laisser continuer la vente des rentes convenancières de la république; s'il ne convient pas au contraire de les laisser rachetables, suivant la loi du 27 août 1792, ou d'en faciliter le rachat aux domaniers par des mesures analogues à la valeur vénale des biens, et à notre législation actuelle; si, dans ce der-cas, on doit faire concourir à ce rachat, *les rentes en tiers consolidé*, et jusqu'à quelle quotité; enfin, quelles sont les mesures propres à accélérer ce rachat et à le rendre le plus profitable à la république.

3°. Dans le cas où il resteroit quelque doute au Conseil sur la justice du mode adopté par la loi du 27 août 1792, pour le rachat des rentes de domaine congéable, je demande que les mêmes Commissions réunies soient chargées d'examiner le mode de rachat.

4°. Enfin je demande que les deux Commissions réunies fassent leur rapport au Conseil dans le plus bref délai.

Nota. Lorsque les défenseurs des seigneurs convenanciers ont demandé la clôture de la discussion dans la séance du 21 ventôse, il a été dit par quelques membres, *que plusieurs de leurs collègues n'entendoient pas encore la question. Tant pis pour eux,* a répondu un partisan des seigneurs !

Cette plaisanterie plus qu'indécente, a été plus forte que toutes les bonnes raisons. Dans l'absence du rapporteur, qu'on sembloit avoir prévue, sans entendre les citoyens Mansord (du Mont-Blanc), Duplantier (de la Gironde), et plusieurs autres représentans, disposés à parler en faveur des domaniers, la discussion a été fermée.

Cette précipitation a produit l'effet qu'on en devoit attendre. Un grand nombre de membres du Conseil n'a pris aucune part à la délibération, et, si j'ai bien observé, la question préalable sur le projet de la Commission a été adoptée à la majorité d'environ 100 membres contre 70.

C'est ainsi qu'il a été décidé, entre autres choses,

1°. Que des tenanciers à la charge de rentes qualifiées par les titres de leur création *foncières et perpétuelles, foncières et féodales, foncières et seigneuriales*, ne peuvent pas racheter ces rentes, et qu'ils ne peuvent s'en décharger que par le *déguerpissement, après avoir payé les termes échus et fourni aveu à leurs seigneurs*;

2°. Que les seigneurs convenanciers ont bien mérité de la république en lui faisant perdre environ *vingt millions, valeur en numéraire,*

depuis la loi du 9 brumaire an 6, pour con-
solider le renouvellement d'une *servitude* éta-
blie par *le pouvoir suprême des grands sei-*
gneurs ;

3°. Que pour le bon plaisir des seigneurs
convenanciers, et afin qu'ils conservent éter-
nellement *le droit d'obliger des preneurs à*
rentes, des acquéreurs à racheter sans cesse
la liberté de jouir de leur propre bien, il faut
que la république perde encore environ 20
ou 30 autres millions, en valeur numéraire ;

4°. Que les domaniers, qui, dans l'ancien
régime, n'étoient ni ne pouvoient, par la nature de leur tenure, être soumis aux règles de
la tacite reconduction, y seront soumis désormais en vertu de la loi du 7 juin 1791, tandis qu'une loi du 2 septembre, même année,
abolit la tacite reconduction pour les simples
fermiers ;

5°. Que, quoique les domaniers aient tous
contracté suivant les mêmes usemens, et qu'ils
aient tous les mêmes titres, les mêmes droits;
cependant, d'après la loi du 7 juin 1791, ils
ne seront pas également libres et n'auront
pas les mêmes avantages ; que les uns pourront provoquer leur congément, et que les
autres ne le pourront pas ; que tels seigneurs
fonciers, dont les domaniers exploitent eux-
mêmes leurs tenues, pourront être ruinés, s'ils
ne se trouvent pas en état de rembourser ces
domaniers, lorsqu'il plaira à ceux-ci de provoquer leur congément ; et que tels autres
seigneurs n'auront pas à craindre cet inconvénient, soit parce qu'ils seront plus riches,
plus en état de congédier et rembourser leurs

colons, ou parce que, par un événement in-
dépendant de leur volonté, leurs domaniers,
au lieu de faire valoir eux-mêmes leurs tenues, les feront exploiter par des fermiers;

6°. Enfin que la déclaration des droits n'est
qu'un chiffon lorsqu'il s'agit des domaniers,
et qu'à leur égard il est très·faux de dire que
la loi doit être la même pour tous; ou que
le Conseil, pour faire voir que l'égalité des
droits n'est pas un vain mot, rapportera in-
cessamment la loi du 18 décembre 1790 (si
souvent attaquée), sur le rachat des rentes
et redevances foncières-perpétuelles ; toutes
les lois rendues jusqu'ici sur les droits et devoirs
féodaux ; celle du 2 septembre 1791 sur la
tacite reconduction ; enfin celles des 9 brumaire an 6, et 7 juin 1791, sur le domaine
congéable, pour (à la grande satisfaction d'un
petit nombre de seigneurs, la plupart parens
d'émigrés, qui ont déjà manifesté l'intention
d'en faire la demande *lorsqu'il en sera temps*)
rétablir la tenure convenancière avec toutes ses
rigueurs, telle qu'elle étoit dans l'ancien régime,
telle qu'elle étoit lorsque toute la ci-devant
Bretagne l'a proclamée, l'a dénoncée comme
une féodalité très-aggravante.

BOHAN.

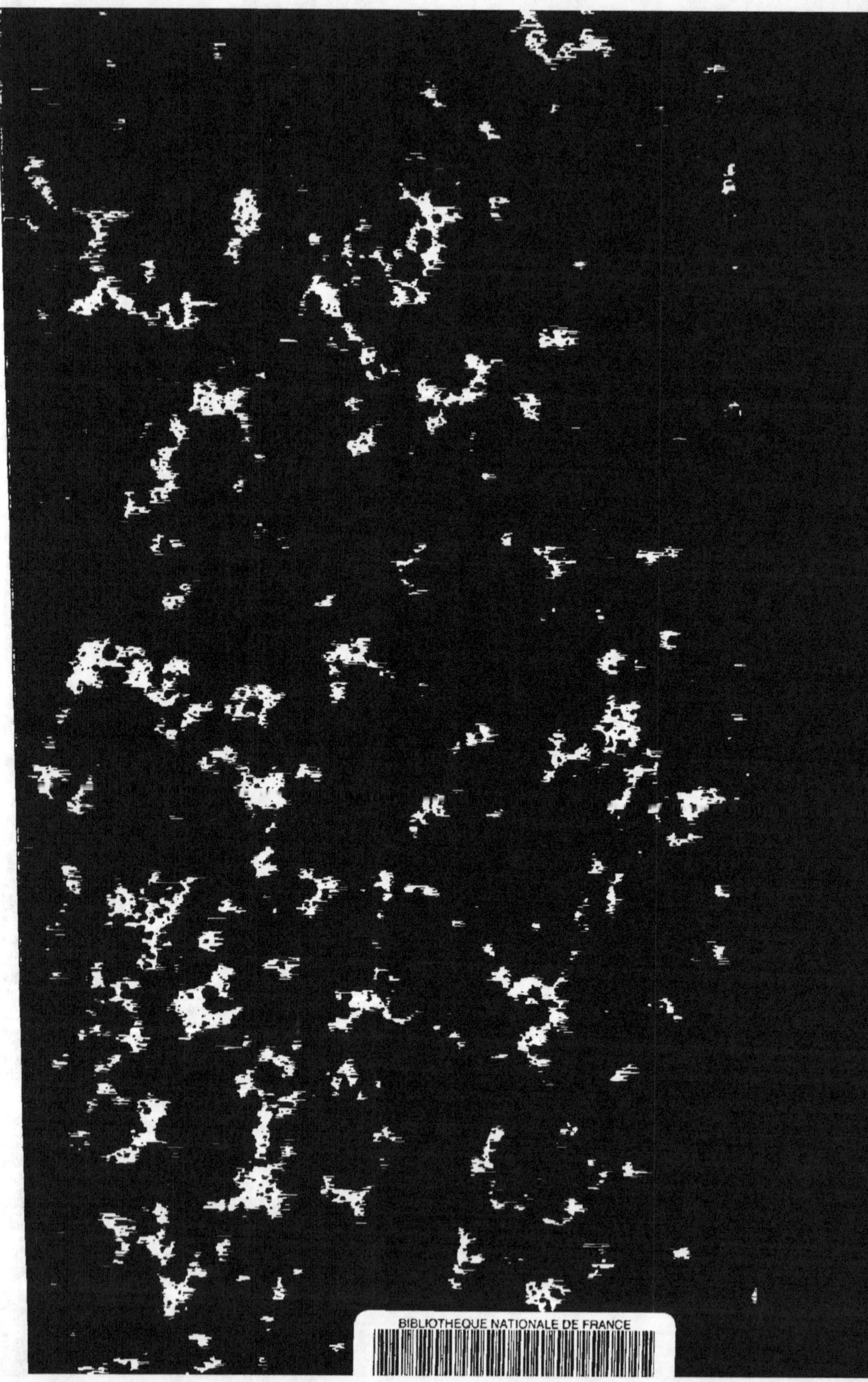